불교는 어떤 종교인가

HUMANITIES SERIES. 01

불교는 어떤 종교인가

———

1판 1쇄	2023년 3월 21일 발행
2판 1쇄	2023년 5월 22일 발행

지은이	지기영
편집	김영석, 김동현
디자인	김동현
펴낸곳	도서출판카논
ISBN	979-11-979582-2-9 03220
가격	28,000원

HUMANITIES SERIES
01

불교는 어떤 종교인가

지은이. 지기영

CANON

들어가며

한국불교의 대종(大宗)인 조계종(曹溪宗)은 신라(新羅)의 구산선문(九山禪門)에 기원(基源)한 선종(禪宗)이다. 그런 까닭에 우리는 선종의 취의(趣意)를 불교 전체의 모습으로 알고 있다.

고려 말 보조(普照)스님 지눌(知訥)은 간화결의론(看話決疑論)에서 선종에 대해 다음과 같이 말하고 있다.

"대승교 원돈(圓頓)의 신해문(信解門)은 말길과 뜻 길이 있어, 듣고 알며 생각하는 것인 까닭에 초심학자들도 믿어 받아들이고 받들어 지닐 수 있으나 선종 경절문(徑截門-빠르게 끊어 들어가는 문)은 비밀히 계합(契合)함을 스스로 증득하는 것이어서, 말길과 뜻 길이 없으며 듣고 알며 생각하는 것을 용납하지 않는 까닭에 상근기(上根氣)의 큰 지혜가 아니면 어찌 밝게 얻을 수 있으며 어찌 뚫을 수 있겠는가. 그러므로 모든 배우는 무리가 도리어 의심하고 비방함은 이치상 당연한 것이다."라고 하였다.

이 말은 선종(禪宗)은 상근기가 아닌 우리 같은 중·하근기(中·下根氣)에게는 적합하지 않다는 의미로 이해된다. 더 나아가 선종의 교외별전(敎外別傳)이나 불립문자(不立文字)는 우리 같은 사람들을 무지로 빠트린다.

우리 같은 보통사람들에게는 "대승교 원돈(圓頓)의 신해문(信解門)은 말길과 뜻 길이 있어 듣고 알며 생각하는 것인 까닭에 초심학자들도 믿어 받아들이고 받들어 지닐 수 있다."는 말이 더 가깝고 그리고 유일하게 열려있는 가능한 길이라 할 수 있다.

대승불교는 곧 용수(龍樹-나가르주나)가 창시한 중관학파를 말하며 이 중관학파의 취의는 '논리에 의한, 논리로부터의 해탈'로 압축하여 표현될 수 있다. 그만큼 중관학파에서는 논리가 중요하다. 여기서 논리는 말길이고 뜻 길이다.

논리는 대상을 이해하는데 있어 필수적으로 따라야 할 길이다. 그 길을 벗어나서는 대상, 세상살이를 이해할 수 없어 무지해 진다. 무지·무명은 애착을, 애착은 삶의 고통의 근원이다. 해탈은 그 무명으로부터 벗어나 법성(法性)을 깨닫는 것이다.

그러나 논리로는 사물의 본질 법성을 파악하지 못한다. 그리고 그것을 파악할 수 있는 것은 직관(直觀)뿐이다. 직관은 논리를 궁극에까지 밀고 나가 그 한계에 이르러 그로부터 벗어났을 때 즉 논리로부터 해방된 그 지점에서 만나는 사유형식이다.

이에 대해 부처님은 가섭문품(迦葉問品)에서

"가섭이여! 예를 들면 두 나무가 바람에 의해 마찰될 때 불이 생긴다. 불이 생겨 두 나무를 태우는 것처럼 가섭이여! 바르게 관찰하여 성자의 혜근(慧根)이 생긴다. 성자의 혜근(慧根-진리를 깨닫게 하는 힘)이 생겨 『바르게 관찰하는 것』을 태운다."고 하셨다. 여기서 『바르게 관찰함』은 논리이고 혜근은 직관이다. 따라서 '논리에 의한 해탈'과 '논리로부터의 해탈'은 상호보완적이다.

중관학파는 불교 논리학자 다마르키르티를 기준으로 전기와 후기로 나누는데 후기 중관학파는 인도에서 불교세력이 점차 쇠락하면서 티베트로 옮겨 계승·발전하였다.

용수의 중론(中論)은 중관학파의 교과서라 할 수 있다. 그리고 티베트 불교 겔룩파의 창시자인 총카파의 도차제론(道次第論)은 중관학파에 관심 있는 사람에게는 또 하나의 필독서(必讀書)이다.

일본의 불교철학자인 마츠모토 시로(松本史朗)는 총카파에 대해 "그의 사상은 단순히 티베트 불교의 틀 속에 머물지 않고 불교 전체에 근본적인 문제를 제기할 정도로 중요성을 갖는다. 간략하게 말하면 총카파의 사상을 빼놓고서 불교란 무엇인가를 묻는 것은 오늘 날 불가능하다."라고 한다.

내가 티베트어를 공부하게 된 동기는 도차제론을 원어로 읽기 위해서였다. 청전(清典)스님이 '깨달음에 이르는 길'이라는 제목으로 번역한 책이 있고 양승규가 번역한 도차제론이 있으나 읽기가 힘들고 이해하기 어려운 곳이 많아 그런 마음을 먹은 것이다.

나는 불교학자가 아닐 뿐 아니라 불자(佛子)라고 자처할 만큼 신심(信心)이 깊지도 못한 그저 불교에 관심이 많은 상식인이다. 이 글은 평소에 한국불교에 만족치 못한 점들이 있어 이렇게 부족하나마 나름대로 정리해 본 것이다.

서울티벳불교문화센터의 중네 스님이 티베트어 중론을, 동국대학교 티베트 대장경 연구소의 김종헌님이 티베트어 '도차제론'을 구해주셨다. 이 기회에 이 분들께 감사드린다.

이 책의 출판에는 청진옥에서 만나는 또라이들의 도움이 절대적이었다. 그들에게 감사한다.

저자. 지기영 소개

- 1942년 서울 출생
- 연세대학교 사회과학대학 (행정학과 / 학사)
- 고려대학교 대학원 (정치외교학과 / 석사)

대학원 졸업 후에 미국 유학을 준비하였으나 통일혁명당 사건에 연루, 출국이 금지되어 포기하고 장사 길로 나섰다. 사업 시작 3~4년째 부도를 내고 한 보름간 교도소를 다녀왔으나 그 후 1년이 지나지 않아 돈도 제법 벌었고 룸살롱을 제집 드나들듯 한 생활을 한 7~8년쯤 하였다. 그 후 모르는 업종에 투자하여 고전하다가 그 동안 공장 땅값이 많이 올라 그것을 팔아 은행 빚을 갚고 회사를 정리한 게 53세였던 것 같다.

그리고 바로 '이제까지의 삶을 전생(前生)으로 하고⋯⋯'라는 글을 남기고 인도로 배낭여행을 떠났다. 6개월간 작은 배낭 하나 짊어지고 인도를 떠돌았는데 마지막 20여일은 인도 북부 히말라야산 중에 있는 티베트 절 라마유루 곰파(僧卍寺)에서 하루 종일 티베트식 경배인 오체투지(五體投地)를 하며 보냈다. 그것을 나는 불심에서가 아니라 다만 마음이 청정해지기만을 바라면서 했다.

그 후 3~4년 동안에 세 차례, 한 번에 3~4개월 동안 배낭여행을 하였는데 티베트를 중심으로 육로로 히말라야산맥을 오르락내리락하면서 네팔, 인도, 파키스탄 등을 떠돌았다. 나는 머물지 않아 소유로부터 벗어난 방랑생활이 좋았다.

50대 말 2년쯤 시청에서 하는 공공근로사업에 나가 길에서 보도블럭을 깔았고 하천에서는 예초기를 메고 제초작업을 하였다. 그리고 60대 초중반부터 10년간 아파트 경비를 하였다.

경비는 하루에 길어야 1~2시간 경비실 밖에서 일할뿐 나머지 시간은 경비실에 앉아있어야 했다. 내게 경비실은 하루 종일 클래식 음악이 흘러나오는 훌륭한 독서실이었다. 더구나 다른 곳에는 나갈 수도 없기에 책을 읽고 쓰기에 더 할 수없이 좋은 조건을 갖춘 곳이었다. 그 10년 동안에 동서양정치사상사 1, 2, 3세 권(법영사)을 출간했다. 분량으로는 합해서 1,300페이지쯤이었다.

그리고 70대 중반에 들어 혼자 살게 되어 세 달간 몽골로 배낭여행을 다녀온 후 2년 가까이 주문진에서 지냈다. 이때 마츠모토 시로의 티베트 불교철학과 함께 총카파의 도차제론(道次第論)의 번역본을 읽었는데 미진함이 있어 티베트어 공부를 하게 되었다.

혼자 살기를 그치게 된 것은 5~6년 전쯤 집사람이 폐암수술을 해야 했기 때문이었다. 지금은 간병 보다는 그냥 청소하고 설거지하고 장보러 다니면서 살고 있다. 배낭지고 길 떠날 기회를 엿보면서 말이다.

덧붙이자면 이런 게 무슨 놈의 이력이라고 속사정 뻔히 알면서도 should, must를 들먹이며 쓰라고 강요한 영석이, 옆에서 부추긴 현종이, 녀석들이 원망스럽다.

목차

INTRO

이 얘기는 죽음의 신(神)
이담 야마탄가에 대한 설화(說話)이다.

"내려오는 전설에 따르면 은둔자 한 사람이 일생 동안 홀로 동굴에서 명상을 하며 살았다. 그가 막 온전한 깨달음을 얻으려는 시기에 몇 명의 도적들이 소를 훔쳐서 그 동굴로 들어왔다. 그들은 그곳에 은둔자가 있음을 알지 못했고 훔친 소의 머리를 잘라 죽였다. 나중에 그들은 거기서 자신들의 소행을 본 목격자가 있음을 알았고 그 은둔자 역시 머리를 잘랐다. 하지만 그들은 그 은둔자가 일생동안 명상을 해서 초자연적 힘을 얻었음을 미리 알지 못했다.

그들이 은둔자의 머리를 쳐다보고 있는 동안 은둔자의 몸이 일어나 황소의 머리와 결합되었다. 그리하여 무서운 야마탄가의 형상이 탄생하게 된 것이다. 그 은둔자는 자신의 지고한 목표에 도달하지 못한 원한으로 마음에 무서운 분노가 가득 차게 되었다. 그는 도적들의 머리를 잘라 그들의 머리를 화환처럼 어서 목에 걸었다. 그리고 죽음을 가져다주는 악마처럼 세상을 돌아다녔다. 그러다가 문수보살을 만나 감화되어 죽음의 신 '야마탄가'가 된 것이다."

소의 머리를 하고 목에 해골을 주렁주렁 매단 야마탄가의 모습은 티베트 사원의 탕가에서 흔히 볼 수 있다. 그런데 티베트인들은 이 죽음의 신 야마탄가를 관세음보살의 화신(化身)이라 한다.

야마탄가는 죽은 자를 심판할 때 악한 마음을 가진 인간 앞에 진실의 거울을 들이대어 그 잘못을 알게 하고 그에게 고통을 준다. 그러나 야마탄카는 이 고통을 통하여 그 영혼을 정화시킴으로써 결국에는 그를 해탈의 길로 인도한다.

티베트인들에게 일상생활과 종교는 하나이다.

또한 선과 악, 밝음과 어둠의 세력 역시 공존한다. 그들은 어둠의 세력을 달래어 마음의 한 공간에 그것을 허락하고 필요한 부분으로 인정하는 것이 오히려 그들의 지배를 벗어나는 길이라고 믿는다.

그리하여 그들의 내면 세계는 선과 악 사이의 갈등을 넘어 마음의 평안을 얻고 웃음을 잃지 않는 밝은 삶을 살아간다. 그들에게 우리가 사는 세상의 모습은 '대립하는 둘'이 아닌 하나이다. 그들은 혹 '하나(同)도 아니지만 둘(異)도 아닌(不一而不二)' 화엄(華嚴)세계의 원융무애(圓融无涯)한 경지를 살아가고 있는 것이 아닌가하는 생각이 스쳐간다.

-흰 구름 떠도는 길-

1부

불교철학의 토양

1부	**불교철학의 토양(土壤)**

1장. 인간과 종교

인간의 이성은 본성적으로 사물을 대할 때 무조건적이고 궁극적인 토대를 추구하고자 하는 경향성을 갖고 있다. 즉 모든 현상의 근본적 토대이며 모든 사물을 산출해 낼 수 있는 무한하고 편재遍在하는 원인체를 발견하고자 한다. 그리고 이러한 우주 근원에 대해 사유할 수 있는 것은 인간 이성의 자연 소질素質이다.

우리는 외부세계를 감각기관, 대상, 그리고 마음의 지각知覺작용 이 세 가지 요소가 결합했을 때 경험할 수 있다. 그리고 순진하게도 자신이 사물을 지각하는 방식과 사물이 존재하는 방식이 동일하다고 믿는다. 이런 믿음에 대한 회의懷疑가 생길 때 존재와 그 생성에 대한 올바른 그리고 확실한 답을 요구하게 된다. 사유思惟는 본질상 회의이다.

종교는 이러한 요구에 따른 우주 생성에 대한 나름대로의 근원적 이해를 자신들의 교리敎理로서 설정한다. 그것은 현존하는 세계, 존재자에 대한 현상적現象的 이해가 아니라 그 근거에 대한 답을 제공한다.

세계종교의 대표적인 두 근원지는 이스라엘의 예루살렘과
인도의 바라나시다. 예루살렘에서는 기독교와 이슬람교가
그리고 바라나시에서는 힌두교와 불교가 탄생하였다.

사회적 관점에서 이들 종교의 교리체계가 세워진 근거와
과정에는 근본적 차이가 있다. 이스라엘은 노예 상태의 작
은 민족으로 아직 국가를 형성하지 못한 상태였던 반면에
인도는 거대한 제국으로 지적知的으로 자유롭고도 왕성한
시기를 누리고 있었다.

1.1. 기독교

기독교의 교리教理는 세계의 근원 내지 궁극적 실체에 대
해 지적知的으로 추구하는 대신 선지자先知者들을 통해 전달
되는 신神의 계시啓示에 의존하였다.

기독교의 특징은 유일신唯一神을 배경으로 한 신본주의神本
主義라 할 수 있다.

1.1.1. 유일신

기독교는 유태민족이 자신들의 노예 상태로부터의 구원救
援이라는 절대적 요청에 근거한 민족 신화神話로부터 출발
하였다. 그들은 인류 보편에 편재遍在한 신神이 아니라 자신
들만을 위한 민족신民族神 즉 특별한 유일신을 필요로 하였
고 설정하였다.

예수는 유태인들의 민족신을 민족을 넘어 인류人類전체에

로 확장하였다. 그러나 유태인들 신앙은 신앙의 대가代價로 유태민족을 노예 상태로부터 구원해 줄 것이라는 신과 유태민족 간의 특별한 약속에 근거한 것이다. 따라서 예수의 인류의 선언은 유태인들에게는 민족의 염원을 져버리는 것으로 이해되어 유태 제사장들을 분노케 하였고 이는 제자 유다 배신의 주요한 원인이었다.

기독교는 예수의 인류애 선언으로 민족의 범위를 넘어 인류전체에로 확장, 유대교로부터 분리, 독립하였다. 그러나 기독교의 신은 자신을 믿지 않는 사람들은 현세에서 아무리 좋은 일을 해도 천국에 들 수는 없다고 한다. 즉 그들을 구원으로부터 배제시킨다. 그렇게 함으로써 기독교는 비록 인류애를 선언하기는 했으나 그들 즉 그 신을 믿는 사람들만의 종교라 할 수밖에 없다.

이는 유일성唯一性을 주장하는 신이 갖는 배타적 성격에 따른 것이다. 그들은 다신론多神論은 물론 무신론無神論도 용납하지 않는다. 또한 이 배타성은 신앙에 충실하려는 한 종교문제에 있어 결코 관용적일 수 없다. 그것은 다른 종교다神教에서는 볼 수없는 종교전쟁, 마녀사냥 같은 역사적 현실로 나타났다.

1.1.2. 신본주의

신본주의는 원죄사상과 깊이 연관되어 있다. 원죄는 기독교 교리의 핵심개념으로 신앙의 목표인 구원과는 동전의 양면 관계에 있다.

유태인들은 자신들의 노예 상태, 더 나아가 인간 삶의 모든 고통의 원인을 인간 원죄에서 찾았다. 사회과학적 관점에서 보면 원죄는 유태인(Jew-막스 베버는 노예를 지칭하는 단어였다고 한다)들이 오랜 동안 노예로서의 삶을 강요받았던 원인에 대한 유일한 답이다. 그들은 자신들의 노예 상태에 대한 근원을 달리 이해할 수 없었다.

그리고 자신들의 능력으로는 노예 상태에서 벗어날 수 없다는 뿌리 깊은 현실적 절망감이 유태인들 신본주의의 원인이 되었다. 그것은 교리체계 이전의 문제이다.

교리적으로는 기독교에서 원죄의 원인은 인간이 신의 지시를 거역하고 선악과_{善惡果}를 따 먹었다는 것이고 따라서 원죄는 신에게 저지른 죄다. 그러므로 그 죄를 사_赦함 받고 구원을 얻으려면 인간 자신이 아니라 필연적으로 신에 의한 구원_{救援}이 요구된다. 이것이 바로 신본주의 교리의 근원이 되었다.

기독교 성경_{聖經}에서 말하는 선악과는 분별, 의식을 가능케 하는 이성_{理性}에 다름 아니다. 이러한 원죄 개념은 인간의 특성인 이성에 대해 부정적이라는 점에서 인간성에 대한 불신으로 기독교가 신본주의_{神本主義}임을 보여준다.

신본주의 즉 인간성, 인간능력을 부정하는 기독교에서 가장 강조하는 것은 인내와 기다림이다. 그들은 고통이나 가난, 노예상태와 같은 삶의 고난들을 구원을 약속한 신에 대한 믿음의 시험으로 인식해 인간의 본성적·윤리적 한계를 넘어서까지 참아가며 기다렸다. 이는 성서^{聖書}에서는 욥기^記 그리고 현실적으로는 유태민족의 아브라함 이래 인고^{忍苦}의 4,000년 역사가 말해주고 있다.

신본주의는 인간성에 대한 불신이다. 거기에서는 순수한 인간애나 타인의 의사^{意思}나 믿음에 대한 존중 같은 것은 부차적인 문제이다. 그들에게 인간행위의 일차적인 목적은 구원을 약속한 신을 기쁘게 하는 데 있다. 따라서 인간의 이성적 혹은 타인과의 공존을 전제한 윤리적인 행위는 긍정적으로 인정되지 못하였다.

불교에서도 인간의 삶이 고^苦라고 하지만 그 원인은 무지^{無知}이고 보살로서의 삶을 그 해답으로 제시한다. 순자^{荀子} 역시 성악설^{性惡說}을 주장하지만 그것은 교육의 의미를 강조하는 그리고 교육에 의해 극복될 수 있다는 오히려 인성의 긍정이다. 이들에게는 인간성에 대한 믿음이 있다.

2장. 인도 철학의 성격

인도 철학은 바라문적이라고 할 만큼 인도철학의 성격과 지배적인 동기들이 철학사상가와 제관^{祭官}들 양자에 의해 형성되었다.

인도에서는 최상위 계급인 바라문에 의해 세계의 근원 내지 궁극적 실체에 대한 지적 추구가 이루어졌고, 범신론汎神論에 가까운 다신多神 내지는 무신無神의 주장이 대세였다. 그들은 자유로운 상태에서 서로 간의 교리敎理다툼을 통해 지적으로 발전하였다.

우파니사드의 철인哲人들은 절대적 삶을 발견하기 위해서는 신앙적 행위가 아니라 우주의 영원하고 절대적인 실재 자체를 아는 지혜가 필요하다는 것을 깨닫고 있었다.

인도철학의 배후에 깔려있는 지배적 관심사는 인간이 고통스럽고 유한하고 속박된 삶을 초월하여 절대적이고 영원한 자유를 어떻게 얻을 수 있는가에 있다. 즉 어떤 것이 좋은 삶인가?라는 철학적 문제로써 이는 종교적 색채를 지니고 있다.

그러나 그것은 기독교처럼 초월적인 신神에 의해 주어지는 초이성적 계시啓示에 근거한 것이 아니라 철학적 사유의 궁극적 목표 자체가 종교적 욕구를 충족시키는 성격을 갖는다.

인도에서 종교 교리는 결코 도그마가 아니다. 영적靈的인 발달의 여러 단계에서 그리고 삶의 다양한 상황에서 적용되는 가르침이고 인간행위가 실용적으로 대응할 수 있다는 전제를 품고 있다.

따라서 인도에서는 종교가 어떤 신조信條를 고정된 것으로 구체화하려 할 때 마다 그 신조·믿음을 호되게 비판하여, 진실을 옹호하고 거짓을 몰아내려는 철학적인 반작용과 영성靈性의 회복이 시도되었다.

인도종교는 교조적敎條的이지 않다. 그것은 철학이 발달해 감아 따라 끊임없이 새로운 개념들을 그 자신 안에 수용해 가는 합리적 종합이다. 인도철학은 지성知性을 강조함으로써 종교를 철학으로 대체하였다. 인도의 종교는 철학적 종교요, 철학은 종교적 철학이었다.<불교의 중심철학> 무르띠

힌두교 정신의 근원적인 특성은 관용에 있다. 힌두교는 그 발달과정에서 각각의 전통은 부분적이고 결함이 많은 성격을 갖고 있지만 그 각각은 하나의 진리에 대한 다양한 표현들로 이해되었고 이들을 포용하였다.

인도의 어느 힌두교 사원의 벽에 걸어 놓은 'Do good Be good'(착한 일하고 좋은 사람이 되어라)이라는 표어, 그리고 힌두교 경전이 아닌 이런 표어를 자신들의 성전聖殿에 걸어 놓는 마음씀은 힌두교의 포용정신을 극명하게 표현하고 있을 뿐 아니라 종교의 지상至上목표가 무엇인지를 분명히 하고 있다.

인도철학에서 베다veda의 계시적 권위는 중요한 이성적 인식의 근거로 인정되었고 이를 인정하는 전통철학과 그것을 인정하지 않는 불교나 자이나Jaina 등과의 사이에는 형

이상학적 실재에 대한 견해를 달리 하였다.

이들 간의 논쟁은 필연적으로 인식론과 논리학의 엄격하고 비판적인 논증을 통하여 형이상학적 사변思辨에 대한 객관적 진리성을 뒷받침하고자 노력했다.

붓다Buddha, 마하비라Mahavira, 비야사Vyasa, 샹카라Samkara 등 인도의 철학자들은 자기들의 형이상학적 세계해석을 뒷받침하기 위해 또한 상대의 공격으로부터 자기 학파의 정당성을 입증하기 위해 논리적 인식認識 즉 무엇이 올바른 인식이 될 수 있는가에 대해 치열하게 추구하였다.

그리고 그 논리적 인식의 정당성에 대한 논증과 토론, 법 겨루기의 중심지中心地가 바라나시였다. 부처님이 부다가야에서 깨달음을 얻고 처음 설법을 펴신初轉法輪 녹야원鹿野苑이 있는 사르나트는 바라나시로부터 불과 십리 정도에 있는 마을이다.

인도에서는 철학이 대체로 종교적 사색의 유혹에서 완전히 자유로울 수는 없었으나 철학의 논의가 종교적인 형식에 의해서 제한된 적은 없었다.

불교에 이르면 인도의 철학적인 정신은 지적知的인 문제를 다룸에 있어서 전혀 외부의 권위에 눈길을 보내지 않으며 아무런 제한도 없이 모든 것을 검토하고 증명하며 그 논증이 이끄는 대로 두려움 없이 따르는 확신에 찬 마음자세가

되어 있었다.<불교의 중심철학> 무르띠

인도에서 여러 철학파들이 나타났던 시기에는 체계적인 사유를 위한 힘차고 끈질긴 노력들이 보인다. 그들은 전통적인 종교나 편견으로부터 자유로웠다.

동일한 시기에 여러 철학 학파들이 나타난 예는 중국에서는 선진先秦시대의 제자백가諸子百家 그리고 그리스에서는 플라톤 이전의 소피스트Sophist들의 출현에서 볼 수 있다. 그러나 제자백가가 현세적 문제에 치중하였고 소피스트들은 윤리적 상대주의에 그친 반면에 인도철학은 종교적 즉 궁극적 존재라는 논제論題에 집약되었다.

궁극적 존재는 비규정적이기 때문에 그에 도달하는 길은 많고 따라서 그에 대한 접근은 자유로워야 한다. 자유로운 인도의 철학적 토양 속에서는 회의론자, 불신앙자, 합리론자나 유물론자와 쾌락주의자들 모두가 번창했다.

상키야학파는 그것이 이론적 증명이 불가능하다는 확신으로 신神의 존재에 대하여 침묵하였고 바니세쉬카학파와 오가학파五家學派는 궁극적인 존재를 받아들이지만 그를 우주의 창조자라고는 여기지 않았다.

이들 중에서도 차르바카Carvaka학파는 회의론자이자 유물론자로, 그들이 세상 사람들의 천박한 견해를 따른다고 하여 순세파順世派라고 비하卑下되었다. 그들은 물질만이 실재하며 감각적인 지각 이외의 추론推論을 인정하지 않았다. 이들은 귀납적 추리와 인과율因果律 간의 일치를 인정하지 않고 직접적 지각의 대상이 되지 않는 존재들의 실재를 부정한다.

현실적으로 그들은 근대 유물론자, 공산주의자들의 주장처럼 신神, 영혼의 존재, 그리고 업業의 법칙, 사후死後의 이론은 사제계급司祭階級이 무지한 사람들을 속여 자기들의 이익을 추구하려는 의도가 있다고 생각했다.

이들은 그들의 세속에 대한 문제 제기와 그 해결에 있어 너무 과감하고 분명했기 때문에 불교나 자이나교 등 모든 정통철학 학파의 비난과 비판의 대상이 되었다. 그러나 당시 인도철학은 이 차르바카가 제기한 문제를 얼마나 성공적으로 해결하고 대답했는가에 그 사활死活이 달려있었다고 해도 과언이 아닐 만큼 일반 대중에 영향력이 있었다.

인도에서 이 모든 종교철학의 진행은 내적인 진리와 인간 행위의 모든 측면에 대한 이치理致를 알려고 노력하는 강한 지적知的 성향에 따른 것으로 이는 철학이나 신학에 한정되지 않고 논리학과 문법학, 수사학修辭學과 모든 예술과 과학에까지 확장되었다.

3장. 베다와 우파니샤드

베다는 지식 특히 성스러운 지식 혹은 종교적 지식을 의미하며, 나아가서는 그 지식을 담고 있는 성전聖典을 뜻한다.

베다는 어떤 하나의 특정 문헌에 대한 이름이 아니라 수 세기에 걸친 여러 세대의 문헌들을 총칭한다. 베다의 형성 시기는 B.C 4,000-1,200 등 다양한 견해가 있지만 불교 이전에 이미 인도사회에 널리 유포되어 있었다.

베다의 찬가讚歌인 바가바르기타Bhagavadgita와 우파니샤드Upanisad는 인도 민족 전체의 위대한 경전이며 동시에 위대한 사상을 실어 나르는 수레이기도 하다. 그러나 이러한 인도철학의 위대한 저작著作들은 권위적인 속성을 지니지 않는다.

인도 힌두교철학의 교리에 해당하는 베다 찬가로부터 우파니샤드에 이르는 과정에서 그들은 이성적인 자기 반성을 통해 종교적인 믿음을 바로 잡고자 하였다.

우파니사드는 베다의 마지막 부분을 형성, 따라서 베다안타Veda-anta-베다의 끝라 불리며 베다의 가장 주요한 철학적인 부분을 담고 있어 후세의 체계적인 철학 학파들에서 발견되는 주요 사상들이 거의 모두 담겨져 있다.

베다사상의 전체적인 추이推移는 일원론적인 관념론을 지향하고 있으며 불교와 바라문 종교들은 여기에 토대를 두고 있다. 리그 베다에는 '하나의 실재實在를 시인詩人들은 여러 가지로 부른다.'고 하는 구절이 있다. 이를 '제신諸神들은 궁극적인 실재의 다양한 표현에 지나지 않는다.'라고도 표현한다. 이는 일원론적인 사유를 분명히 보여주고 있다.

베다의 본집 찬가讚歌들은 리쉬수행자들에 의한 영감靈感의 산물이고 브라흐만 사상은 제관祭官들의 작업인데 비해 우파니사드는 철학자들의 명상冥想이다. 그리고 우파니사드는 제식祭式종교에 대한 반발의 의미도 담고 있다.

브라흐만Brahman과 아트만Atman. 그것이 바로 그대이다 Tat tvam asi.

종교를 언제나 실재實在하게 만드는 것은 바로 종교적인 진리와 일상생활 간의 긴밀한 관계이다. 종교적인 문제들은 철학적인 정신을 자극한다. 인도인들은 전통적으로 신성神性의 본질과 삶의 목적 그리고 개아個我와 보편아普遍我의 관계에 대한 문제들로 고심해 왔다.

전통적으로 인도의 지성은 우리가 보고 경험하는 세계는 무시무종無始無終으로 순환을 반복하는 영원한 세계 과정의 짧은 찰나에 불과하다는 생각이었다. 인간의 삶 역시 윤회輪回하는 삶으로 인간이 행한 행위karma는 뿌려진 씨앗과 같아 그 열매 즉 결과가 있고 그 결과가 현세에 다 얻어지기 어렵기 때문에 또 하나 혹은 하나 이상의 내세來世에서 그 결실을 맺게 된다는 것이다.

인도에서 철학의 주요한 관심은 브라흐만Brahman이라는 우주의 통일적 원리로서의 실재와 인간의 자아自我-Atman 그리고 이 둘 즉 브라흐만과 아트만 간의 관계에 있었다. 그들은 현상세계는 궁극적인 실재인 브라흐만의 현현顯現일뿐 브라흐만 자체는 아니라고 한다. 따라서 관찰이 외부, 현상세계로만 향하면 다만 덧없는 사상事象들의 분주함에 마음을 속박당할 뿐이라고 말한다.

우파니샤드 '찬도가'에는 브라흐만Brahman에 대해 어떤 사람들은 태초에는 무無뿐이었다고 말하지만 태초에는 유有뿐이었다고 말하고 있다. 유有는 유일한 것으로 제이第二의 것은 없다. 그 유有는 '나는 많아지리라. 나는 번식하리라'고 생각하였다.

우파니샤드에서는 아트만이 실재한다고 본다. 브라흐만과 함께 양자 모두 초월적 실재이며 존재의 밑바탕이다. 아트만을 단지 몸kosas이나 어떤 상태 또는 경험적인 대상과 동일시同一視하는 것은 아트만에 대한 본질적인 이해가 아니다. 그런 잘못된 동일시, 거짓된 제한을 부정함으로써 우리는 그 참된 모습을 알 수 있게 된다.

아트만自我은 우리가 생각하고 있는 어떤 차별성이나 개

별성을 용납하지 않는 모든 인간에게 공통된 자아이다. 이 아트만은 다름 아닌 브라흐만으로서 인간뿐만 아니라 모든 존재의 공동의 본질을 이루고 있다.

우파니사드에서는 최고의 체험인 브라흐만을 증득證得한 경지를 '나'가 소멸된 상태가 아니라 '나'의 특수성과 유한성이 사라진 상태라고 보았다.

범梵-Brahma과 참된 자아Atman는 동일하다. '그것이 바로 그대이다Tat tvam asi.'라는 경구는 베다의 궁극적인 가르침이다. 그들에게 자아를 실현한다는 것은 모든 욕망을 충족시키는 것aptakama이며 그렇게 되어 결국 모든 욕망을 초월하는 것akama이다.

아트만은 변화무쌍한 의식의 양태樣態들과 연관된 관념론이 펼쳐 내는 우주적인 드라마를 다만 바라보기만하는 관조자觀照者이다. 그러한 아트만은 우리의 내면 깊은 곳에 있는 기쁨과 슬픔, 장점과 단점, 그리고 선과 악을 초월한 그 무엇으로 자아Atman는 결코 죽지 않으며 태어나지도 않는다. 영원, 불생, 무한의 이 늙은이자아는 몸을 해친다고 하여 결코 해를 입지 않는다.

개인으로서의 아트만은 궁극적으로는 브라흐만과의 일치를 목표로 한다. 그러나 실상은 브라흐만과 아트만은 분리되어있지 않고 이미 합일된 상태, 동전의 양면과 같으나 인간이 이를 깨닫지 못하고 있을 뿐이다.

그러나 불교에서는 아트만을 부정한다. 영원히 변하지 않는 영혼^{아트만}이 있다고 한다면, 우리가 노력을 하건 안 하건 좋아지거나 나빠질 것이 없어 정신적 수행^{修行}이 그 의미를 잃게 되어 숙명론^{宿命論}에 떨어지고 만다는 것이다.[1]

따라서 불교에서는 아트만이라는 유신견^{有身見}을 모든 집착과 욕망, 증오와 고통의 근원이며 모든 번뇌가 일어나는 원인으로 이를 제거해야 할 첫 번째의 무명^{無明}으로 본다.

정치적 현실에서 숙명론을 초래하게 되는 아트만^{我, 영혼} 사상은 힌두교의 사회적 현실인 카스트^{계급}제도를 뒷받침하고 유지시키는 정신적 근거가 되었고 이를 뒷받침하는 윤회^{輪回}사상과 인과응보론^{因果應報論}은 인도 철학의 주도적 관념이었다.

그러나 불교에서는 윤회에 대해서도 무아론^{無我論}의 관점에서 이 세상에서 저 세상으로 이동하는 요소는 전혀 없다고 본다. 그러나 업이 익는다는 사실은 실현된다. 왜냐하면 인^因들과 연^緣들이 지속하기 때문이다. 이 세

---

1   이는 정치사회적으로는 당시 바라문교의 사성(四姓)계급(caste) 즉 바라문, 크샤트리아, 바이샤, 수드라 등이 운명론적(運命論)인 것임을 반대하는 의미를 담고 있다. 바라문교에서는 세간의 괴로움과 즐거움 전생(前生)에 각자가 지은 업(業)에 의해 결정되며 사성계급 역시 그것에 따라 결정된 것이라고 한다.

상에서 떠난 자가 다른 세상으로 들어가 태어난다는 말은 아니지만 인, 연들의 지속은 존재한다.

다시 태어난다는 것은 각 개인의 자기 동일적인 본체로서의 영혼 덩어리가 한 곳에서 다른 곳으로 이동하는 것을 의미하지 않는다. 단지 새로운 일련의 상태가 이전의 상태를 조건으로 하여 발생한다는 것만을 의미한다. 상실喪失되는 것은 아무것도 없으면서 새로운 삶은 이전의 삶의 결과가 된다는 것이다.도간경-稻芉經

인과응보에 대해서는 인과 즉 인因이 있기에 과果가 있다는 것은 인정한다. 그러나 그 인과는 일방적 관계가 아니라 그 과가 다시 인因이 되어 과에 영향을 주는 쌍방적 관계로 이해한다.

4장. 만물의 시원(始原)

만물의 시원에 대한 논의는 모든 철학의 근간이다. 그 논의에 따라 다른 철학적 과제들에 대한 답審이 다르게 전개 된다.

붓다 이전의 인도사상계는 대개 바라문계의 육사철학六派哲學과 일반사상계의 육사외도六師外道 둘로 나뉜다.

바라문계에서는 전변설轉變設을 주장하는데 이는 태초에 범梵 즉 브라흐마Brahma가 있어서 여기서 저절로 생겨났다는 것으로 일체 만물 가운데 브라흐마가 내포되어 있다는 내재신內在神 사상이다. 그들은 "일체 만물이 범梵이고 범이 일체 만물이다. 범이 일체 만물을 생겨나게 해서 만물은 범을 떠나 성립될 수 없다."고 한다.

일반사상계는 브라흐마와 같은 단일 근본체를 부인否認한다. 그들은 지수화풍地水火風이나 부모의 화합으로 외물外物과 중생衆生이 그리고 정신원리로서의 Purusa와 대조되는 물질의 궁극원리인 Prakrti근본물질에 의해 생긴다든가상키아학파 혹은 외도外道에서 말하는 '변變'이라는 법法 즉 돌이 옥으로신통변화, 젊은이가 늙은이로스스로 변하는것, 물이 어는인연에 의한 변화 등 각종 변화를 통해 생긴다거나 또는 허공 중에 있는 여러 가지 독립된 물질요소원소가 서로 결합해서 일체 만물이 이루어졌다고 주장하는 적취설積聚設 등이다.

그러나 붓다는 만물의 시원과 윤회輪廻에 대한 당시의 철학적 해석에 대해 비판한다.

붓다는 이러한 여러 발생론들을 물리치기 위해 연기론緣起論를 설하셨다. 연기론은 소위 육사외도六師外道의 하나인 상키아 학파의 근원물질Prakrti이라는 개념을 정립적 명제定立的 命題로 하고 유물론자가 비非경험적 개념을 부정한 것을 반反정립적 명제로 상정想定하여 이 둘을 다

부정한 것이다.<불교의 중심철학> 무르띠

불교의 연기설緣起說은 근본적으로 힌두교의 아트만atman 사상을 부정한 것일 뿐 아니라 세상의 어떤 종교철학에서는 찾아볼 수 없는 불공不共-함께하지 않는의 수승殊勝한 만물의 생성에 대한 근본원리이다.

기독교의 창조론創造論은 그것이 민족 신화에 근거한 형이상학적 허구虛構일뿐이고 중국문명에서 말하는 유·무, 음·양의 대대적待對的관계 역시 연기설과 유사하지만 그것은 만물 생성의 원리로서는 부족하다.

연기설은 지배, 복종관계의 근원인 상하上下, 주객主客의 이분법적관계를 부정하는 중도中道를 지향하기에 세상 만물의 관계뿐 아니라 인간 사회적 관계에 적용될 경우 모두를 평안平安하게 해줄 수 있다. 그것은 공화共和민주주의 같은 표피적表皮的 정치적 구호口號가 해결하지 못하고 있는 모든 현실적 과제들을 근원적으로 해결해줄 수 있다.

불교는 연기설과 함께 그로부터 도출導出된 중도中道, 무아無我, 무상無常 등의 설說이 그 근본성격을 형성하고 있다.

근본(원시) 불교

불교의 역사는 세 시기로 나눌 수 있는데 제1시기에서는 아我는 없으나 법法-物은 존재한다는 아공법유我空法有를 설했고 제2시기에는 자아뿐 아니라 법까지도 모두 공하다고 설했으며 제3시기에는 유나 공에 치우치지 않고 중도를 설했다. 이는 해심밀경海深密經에 따른 구별이다.

제1, 2시기에 해당하는 아함경阿含經, 가전연경迦旃延經에서부터 금강반야경金剛般若經까지는 불교 개념·명제가 주로 비유比喩에 의존하여 설명됐다고 한다면 제3시기 즉 용수龍樹-나가르주나의 중론中論 이후의 중관파는 모든 불교의 명제를 논리를 통해 해석함으로써 보다 정밀하게 그 뜻을 밝힐 수 있었다.

1장. 근본불교의 특성

불교의 교리는 인도철학의 여러 요소들을 비판적으로 수용함으로써 성립된 것이다. 그러나 불교는 그들만의 특별한 철학적 성격을 발전시켰다.

붓다는 실재를 그 어떤 형태로든 개념화概念化하는 것이 곤란하다는 것을 이해하고 있었으며 형이상학이 실재를 그렇게개념화 파악하려 한다고 하여 이를 불신하였다. 결과적으로 그는 모든 형이상학적 관념觀念을 거부하였다.

불교의 해탈은 세상살이로부터의 해탈이 아니라 관념觀念으로부터의 해탈이다. 이는 논리를 중시하는 중관사상에서는 '논리로부터의 해탈'로 표현되었고 선종禪宗의 참선은 말관념이 끊어진 고요한 침묵의 세계로의 지향이다.

그러나 관념 자체에는 아무런 문제도 없다. 사실 '인식한다.'함은 범주적으로 생각하는 것이고 범주화를 통해 얻게 된 개념, 관념은 실재를 이해하는 유일한 길이다. 문제는 관념을 실재로 착각하고 집착하는데 있다.

말하자면 음식 메뉴를 음식물로 본다던지 지도에 표기된 장소를 실재하는 장소로 오해하는데 있다. 자아自我 역시 관념임에도 그것을 실재하는 것으로 알고 집착한다.

관습은 관념의 형태로 우리의 일상을 지배한다. 해탈, 깨달음은 세상을 바꾸는 것이 아니라 세상을 여여如如하게 본다는 것이다.[2] 그렇게 하여 관습과 관념으로부터 벗어난다.

---

2 '여여하게 본다'는 것은 객관적으로 본다는 것을 의미하지 않는다. 객관적으로 보기는 주관적으로 보기의 대대법적(待對法的)인 상반성이기 때문에 이 이분법을 모르는 여여한 자연성, 도(道)에는 미치지 못한다. 객관적 보기는 부분적 앎의 테두리에서 결코 헤어날 수 없다.

붓다는 형이상학자를 독화살을 맞고 치료할 생각은 하지 않고 그 화살이 어떤 화살인지, 어디서 날아왔는지, 누가 쏘았는지를 알고 싶어 하는 어리석은 자로 보았다.전유경-箭喩經

붓다는 형이상학적 질문에 대해 침묵하였다. 그것이 14가지의 무기無記-avyakrta로, 무기란 말로 표현할 수 없다는 뜻이다.

그 14가지의 무기란

> 1. 세계는 영원한가, 아닌가, 양자(兩者-영원하면서 영원하지 않은 거)인가, 양자가 아닌가?
> 2. 세계는 (공간적으로) 유한(有限)한가, 무한한가, 양자인가, 양자가 아닌가?
> 3. 여래(如來)는 사후(死後)에 존재하는가, 아닌가, 양자인가, 양자가 아닌가?
> 4. 영혼은 육체와 동일한가, 아니면 다른가?

첫 번째와 두 번째의 난문難問은 세계에 대한 두 가지 중요한 우주론적인 문제이다.

하나는 세계의 기원과 지속에 대한 것이고 다른 하나는 그 공간적 한계에 대한 것. 한 의문은 세계의 시간적 영원성에 대한, 다른 하나는 공간적인 무한과 유한에 대한 의문이다.

세 번째 난문에서 언급된 여래如來는 단순히 인간으로서의 여래만이 아니라 우주적인 원리로서, 현상과의 관계에서 벗어난 존재이다. 완전한 인격체人格體로서의 여래는 우주의 궁극적 본질 자체이다. 풀어 말하면 여래는 인간이기도 하고 우주의 궁극적 본질 둘 다이다.

이 물음은 하이데거가 말하는 존재와 존재자의 관계에 대한 물음으로 이는 처음 두 난문과 네 번째 난문 사이에 위치하고 있다.

네 번째 난문은 자아영혼에 대한 것이다. 만일 자아가 육체나 정신적 요소영혼와 다르다면 자아는 몸이나 정신적 요소의 상태와 관계없이 동떨어진 무조건적인 존재인 꼴이 된다.

붓다는 이러한 질문에 대해 침묵으로 일관하였다. 왜냐하면 그것들에 대한 어떠한 택일적 답좀도 독단獨斷이고 옳을 수 없기 때문이다. 그는 이에 대한 논리, 이성적 사유에 대한 중독中毒을 극히 경계해야 할 집착으로 보았다.

그는 인간의 이성理性에는 서로 모순되는 양변兩邊-긍정과 부정 중의 하나를 극단적으로 추구하는 성향性向 즉 양극성兩極性이 있음을 이해하였으며 이 양단兩端을 부정함으로써 더 높은 관점으로의 승화昇華를 목표하였다. 그는 언어활동 중에서 침묵만이 그 승화된 경지를 잘 나타낸다고 생각하였다.

침묵하는 근거로서의 양단에 대한 부정이라는 맥락脈絡에서 초기 경전에는 '부처님께서는 자아가 존재한다고 선언하셨다. 그분은 무아無我의 교리도 가르치셨다. 그분은 자아도 없고 무아도 아니라고 가르치셨다.'고 한다.

붓다는 환자의 질병을 치료하는 의사처럼 환자의 상태에 따라 서로 다른 약藥을 처방하였다. 그는 허무주의적 성향을 가진 사람에게는 업karma과 그 과보果報의 상속이 있다고 하여 자아의 존재를 긍정하였고 아트만atman의 존재에 대한 독단적인 믿음에 중독되어 그것에 매달리는 사람에게는 해독제로써 무아의 교리를 가르쳤다.

붓다의 궁극적 가르침은 자아도 없고 무아도 아니라는 것이다.

'있음'도 아니고 '없음'도 아니라는 양단兩端의 부정이 중도中道이다. 그리고 중도의 성격, 내용이 공空·공성空性이다. 공은 모든 갈등과 집착을 해소시킨다.

중도空로서의 실재實在-존재는 개념적 구축構築에서 벗어나 있다. 따라서 어떤 도그마dogma도 용인되어서는 안 된다는 것이 붓다의 사상의 근원을 이루고 있다.

2장. 근본불교에서의 주요한 사상(思想)

근본불교에서의 주요한 사상은 사성제四聖締, 연기론緣起論 그리고 삼법인三法印으로 볼 수 있다.

2.1. 사성제

붓다Buddha는 인도 사르나트에서 행하신 초전법륜初轉法輪에서 사성제四聖諦-苦, 集, 滅, 道를 설說하셨다. 사성제네 가지 진리는 인간의 삶이 고통이라는 것苦諦과 고통의 원인集諦, 고통의 소멸滅諦 그리고 그 소멸의 방법으로써의 팔정도八正道에 의한 깨달음의 길道諦의 넷이다.

고제苦諦란 태어남生, 늙음老, 병듦病, 죽음死 등과 같이 세간에서 늘 보는 4가지 괴로움을 말한다. 이 밖에 미운 사람과 만남, 사랑하는 사람과 헤어짐, 원하는 것을 갖지 못함 등 역시 괴로움이다.

붓다Buddha는 고苦에 대해 "오! 비구들이여 새로운 탄생과 새로운 죽음을 향해 거듭, 거듭 달음질치는 와중渦中에서 싫어하는 것과 마주치고 좋아하는 것과 헤어지기에 투덜대고 훌쩍이며 기나긴 길 위에 그대가 흘린 눈물의 양量과 사대양四大洋의 물의 양 중 어느 쪽이 더 많겠는가?"고 하였다.

붓다가 삶을 괴로움으로 이해한 것은 역설적으로 참된 삶과 행복을 추구하기 위해 필요한 삶에 대한 근원적 통찰에 따른 것이다. 괴로움을 올바로 이해하지 않으면 행복 역시 참된 것이 될 수 없다.

집제集諦란 느끼고 애착하는 분별을 습관화하여 이런 분별을 싫어함이 없고 오히려 마음이 항상 그것을 탐착貪著하는 것이고 멸제滅諦란 애욕들을 모두 소멸하여 조금의 남김도 없게 함으로써 다시는 일어나지 않게 하는 것이며

도제道諦란 깨달음에 이르는 길로, 그 길은 여덟 가지 수행방법 즉 팔정도八正道-正見, 正思惟. 正語, 正業, 正命, 正方便, 正念, 正定에 의해서 다가갈 수 있다.

총괄적으로 말해서 고제苦諦란 세간에 비록 즐거움이 있더라도 이는 영원한 즐거움이 아니라는 것이다. 세간은 항상恒常하지 않고 변하기生老病死 때문에 괴롭다. 그리고 괴로움이 생기는 주요한 원인은 사람들이 세간의 느낌 가운데 진실한 즐거움이 있다고 잘못 생각하여 쾌락의 습성을 거듭 탐착貪著하여 키우는데 있다. 멸제는 그 원인애착을 없앨 수 있다는 것이고 도제는 그 구체적 방법을 알려준다.

연기론緣起論은 괴로움 역시 조건緣에 따라 생기는 것이라 보아 그 실체를 부정함으로써 괴로움을 근본적으로 해결한다.

2.2. 연기론(緣起論)

연기론은 불교 교리의 중심에 있다. 붓다가 깨달은 것은 연기緣起를 깨달은 것이다. 연기론은 모든 존재자의 존재 법칙 즉 존재론이다.

붓다는 연기를 다음과 같이 설說하시었다.

> "우주는 누가 만들 수도 없고 없앨 수도 없어서 생
> 겨나지도 없어지지도 않으며(不生不滅) 늘지도
> 줄어들지도 않으며(不增不減) 서로를 의지하며
> 원융무애(圓融无涯)하게 연기적으로 존재한다."

그리고 이러한 연기법은 여래如來가 나타났든 아니든 본래
적으로 항상恒常하는 우주의 존재 법칙이라는 것이다.

초기 경전에서는 연기에 대해 "이것이 있으므로 저것이
있고 이것이 생겨남으로 저것이 생겨나며 이것이 없으므
로 저것이 없고 이것이 멸하므로 저것이 멸한다."라 하였
다. 붓다는 이런 인연법을 말씀하시어 능히 온갖 희론을
진멸盡滅시키셨다.

상응부相應部에는

> "그때 존자(尊者) 마하구치라가 존자 사리불에게
> 물었다.
>
> 벗 사리불이여, 노사(老死)는 자기가 지은 것입니
> 까 남이 지은 것입니까? 노사는 자기가 지은 것이
> 며 남이 지은 것입니까. 또 노사는 자기가 지은 것
> 도 아니며 남이 지은 것도 아니어서 원인 없이 나
> 는 것입니까?"

벗 구치라여, 그 모두가 아닙니다. 생(生)을 연하여 노사가 있습니다.

벗 사리불이여, 생은 자기가 지은 것입니까? 식(識)은 어떠합니까?

사리불이 설하였다.

벗이여, 비유하면 두 개의 갈대 묶음이 서로 의지하여 서 있는 것과 같이 명색(名色)을 연하여 식이 있으며 식을 연하여 명색(名色)이 있습니다. 명색을 연하여 육처(六處-안·이·비·설·신·의)가 있으며 육처를 연하여 촉(觸)이 있습니다. 이와 같은 것이 모든 괴로움의 무더기가 생기는 것입니다.

만일 그들의 갈대 묶음 가운데서 하나를 제거해버리면 나머지 하나는 넘어져버리며 다른 것을 제거해버리면 그 다른 것이 쓰러져버립니다. 그와 같이 명색의 멸함에 의해서 식의 멸함이 있으며 식의 멸함에 의해서 명색의 멸함이 있으며 명색의 멸함에 의해서 육처의 멸함이 있으며 육처의 멸함에 의해서 촉의 멸함이 있으며 이와 같은 것이 모든 괴로움의 무더기가 멸하는 것입니다."

연기라는 이름으로 설해진 원시경전은 매우 많으며 그 종류도 여러 가지가 있지만 그중에서도 열두 개의 항목으로 이루어진 십이연기十二緣起가 가장 대표적이다. 거기서는 연기의 모습을 무명無明, 행行, 식識, 명색名色, 육처六處, 촉觸, 수受, 애愛, 취取, 유有와 생生, 노사老死 등 열두 가지로 연결하여 설명한다.

무명無明은 지혜인 명明이 없음을, 행行은 제법을 지어가는 행위를 말하는데 여기서는 무지로 인하여 행한 행위의 형성력을 말하며

식識은 인식작용 또는 인식의 주체를, 명색名色은 식의 대상이 되는 정신名과 물질色이고 육처六處는 인식 대상을 감지하는 눈·귀·코·혀·몸·의지의 육근六根이며 촉觸은 앞에서 말한 식과 근육처이 명색과 접촉함을, 수受는 접촉하여 생겨나는 괴로움이나 즐거움 등을 감수感受하는 작용이며

애愛는 괴로움이나 즐거움 등의 감수感受에 따른 그릇된 애증愛憎을, 취取는 맹목적인 애증에 따른 집착을, 유有는 애증과 집착에 의해 결정된 존재를, 생生은 그 존재의 발생 또는 영위營爲-꾸려 나감를, 노사老死는 생으로부터 빚어지는 늙음과 죽음이나 그로 인한 괴로움을 말한다.

이런 십이연기설을 부파部派불교=소승 시대는 삼세양중적인 과三世兩重因果로 해석하였다.

즉 중생이 윤회하는 모습이 삼세에 걸친 이중二重의 인과로 나타난다고 설명한다. 이에 따르면 무명無明과 행行이 과거

세의 인因이 되어 식識·명색名色·육처六處·촉觸·수受라는 현재세의 과果를 초래하고 다시 애愛·취取·유有가 현재세의 인이 되어 생生·노사老死라는 미래세의 과를 초래한다는 것이다.

모든 존재는 연기성緣起性이기 때문에 존재하지만 그 자체는 고유한 자성이 없으므로 공空이라고 한다. 연기하기 때문에 무자성·공이고 무자성이기 때문에 연기할 수 있다. 만일 어떤 존재에 자성이 있다면 그 존재는 자립, 독립적이어서 상관관계 즉 연기가 불가능하다. 연기성은 곧 무자성無自性이고 공空이다. 이 셋은 하나의 현상에 대한 서로 다른 표현일 뿐이다.

그러나 불교에서의 공은 자성이 없다는 무자성 공이지 사물 자체가 존재하지 않는다는 의미의 단멸공斷滅空이 아니다. 공성空性의 의미는 연기의 의미이며 결과를 일으키는 능력에 대해 공인 무無를 뜻하는 것이 아니라고 붓다는 반복해서 선설善說하시었다.

불교에서 깨달음은 공 즉 중도, 연기법을 해오解悟하는 수준이 아니라 증득證得하는 경지에 이르러 마음에 만물이 원융무애圓融无涯하는 자유를 체득했음을 의미한다. 연기법은 인간 세상에 존재하는 모든 윤리적 문제들의 해법解法일 수 있다.

2.3. 삼법인(三法印)

삼법인은 붓다가 우리들 삶에 대해 말한 수많은 진리를 세 가지로 모아서 전체적으로 매듭짓는 형식으로 일체개고一切皆苦, 제행무상諸行無常, 제법무아諸法無我 셋이며 그리고 여기에 열반적정涅槃寂靜을 더하여 사법인四法印을 말하기도 한다.

그러나 열반적정은 번뇌가 완전히 사라져 마음이 고요한 상태로 해탈의 경계境界임으로 이는 출세간出世間으로 보아 제외한다. 여기서 인印이란 연결, 결합을 의미한다.

가. 일체개고一切皆苦-인간의 삶 일체가 괴로움에 대해서는 사성제에서 이미 설명하였고

나. 제행무상諸行無常[3]은 세간의 모든 사물과 생명체는 변화·생멸하며 영원하지 않다는 것이다. 만물은 변화한다. 왜냐하면 모든 사물과 행위는 조건緣에 의해서 존재하며 다양한 연이 다양한 존재형체로 나타난다. 이들을 구성하는 다양한 조건이 다양하게 변하기 때문에 이들도 변할 수밖에 없다.

인간을 형성하는 오음五陰-色受想行識 역시 직접적인 조건인 인因과 간접적인 조건인 연緣에 의해 구성되어지기 때문에 무상하며 무상하기 때문에 괴로움이 있게 된다.

3　여기서 행(行)은 음양오행설에서의 '행'처럼 사물, 사물의 성질, 사물의 작용을 아우르는 포괄적 의미이다.

제행무상諸行無常은 사물, 사건들이 환상이나 꿈 그리고 신기루 같은 것으로 발생하고, 잠시 존속하다가, 마침내 사라지는 현상現象이라는 것이다. 붓다는 모든 현상을 현상이게끔 하는 특징을 세 가지 즉 발생生, 상태의 변화住異 그리고 소멸滅이라는 삼상三相으로 설명한다.

무상無常한 현상을 발생發生과 소멸消滅이라는 두 가지 관점에서 보았을 때 우리는 사람의 탄생이나 사물이나 사건의 발생에 대해서는 긍정적인 관점을, 반면 소멸중인 것, 죽어가는 것에 대해서는 부정적 관점으로 보는 경향이 있다.

그것은 인간이 자신을 불변하고 영원한 자아自我-Atman로서 받아들이고 애착愛着하기 때문이다.

다. 제법무아諸法無我[4]

붓다는 당시 지배적인 바라문교의 아트만론을 완전히 반대되는 형태로 조직된 무아설無我說을 펼쳤다. 그는 영혼靈魂을 심리 연속체心相續 이론으로 대체하였다. 즉 일련一連의 심리상태들이 인과법칙의 지배를 받으면서 그 성질에 따라 정교하게 조직화되어 있다는 것이다. 이 과정에서 시간적으로 나중의 상태는 이전의 상태의 결과이다.<불교의 중심철학> 무르띠

---

4   법(法-dharma)은 일반적으로 자상(自相)을 갖추고 있는 사물 혹은 사물의 요소(要素)이지만 이와 함께 우주에 존재하는 유형, 무형의 사물 그리고 사물에 대한 종합적 인식을 가능케 하는 조건을 의미한다.

바라문교에서는 자아Atman를 변화하는 상태들의 와중渦中에서 동질성을 유지하는 따라서 그 변화하는 상태들과는 다른 영원하고 불변하는 실체實體라고 한다.

그러나 불교에서는 자아란 감각과 사고와 의지 등에 나타나는 일련一連의 불연속적인 찰나적 상태들에 대해 세속적으로 명칭名稱을 붙인 것으로 본다.

불교에서는 이를 다음과 같이 설명한다.

보통 사람은 몸과 마음의 주인으로서 독립적이고 뚜렷한 정체성을 가진 행위자인 자아가 있다는 느낌에 매달린다.

문: 죄罪나 복福은 자아自我에 의지해 있다. 자아는 지각知覺을 갖고 몸은 지각을 갖지 않으니 지각하는 놈이 틀림없이 자아이어서 업業을 짓는 인연이 된다. 또 죄나 복은 지어지는 것이기에 그것을 짓는 놈이 존재해야 한다는 것을 알아야 한다.

여기서 짓는 놈은 바로 자아이고 몸은 자아의 도구이기도 하면서 자아가 머물러 있는 곳이다. 비유하자면 집 주인이 풀과 나무와 진흙과 벽돌 등으로 집을 고칠 때 자기 몸을 위하여 그 쓸모에 따라 집을 고치기에 좋게도 되고 나쁘게도 된다. 자아도 역시 이와 마찬가지다.

선善이나 악惡을 짓는 바에 따라 좋거나 나쁜 몸을 받게 되니 육도六道의 생사가 모두 자아가 지은 것이다. 그러므로 죄나 복을 짓는 몸은 모두 자아에 속해 있다. 마치 집이 그 집 주인에게 속해 있지 다른 사람에게 속해 있지 않은 것과 같다.

답: 그런 비유는 옳지 못하다. 왜 그런가? 집 주인은 형상이 있어서 만질 수도 있으며 힘도 있기에 능히 집을 고칠 수가 있는 것이다.

그러나 그대가 말하는 자아라는 것은 형태도 만질 수도 없기에 짓는 힘도 없다. 스스로에게 짓는 힘作力이 없을 뿐만 아니라 다른 사람으로 하여금 짓게作지도 못한다. 만일 이 세상에 형태도 없고 만질 수도 없는데 행위 할 수 있는 놈이 단 하나라도 존재한다면 그대 말을 용납할 수도 있겠으나 결코 그럴 수는 없다.

만일 자아가 짓는 놈이라면 자기 스스로 고통스러운 일은 짓지 말아야 하고 또 (자아가) 새겨두는 놈念者이라면 탐나고 즐거운 일은 잃지 말아야 하리라. 그렇다고 자아가 고苦를 짓는 것이 아니라 저절로 생기는 것이라고 한다면 나머지 모든 법法-사물·사건들도 역시 스스로 생하는 것이고 자아가 짓는 것이 아닌 꼴이 된다.

만일 보는 놈이 자아라고 한다면 눈은 능히 형상色을 보니 눈이 바로 '자아'이어야 하리라. 그렇다고 눈이 보긴 하지만 자아는 아니라고 한다면 앞에서 '보는 놈이 자다.'라고 한 말은 어긋난다. 만일 보는 놈이 자아라면 자아는 소리를 들을 수 없어야 하는 등 다른 모든 감각을 느낄 수 없어야 하리라. 그러므로 자아가 바로 보는 놈이라는 말은 옳지 못하다.

만일 풀 베는 사람이 낫을 이용해 풀을 베는 것처럼 자아도 역시 이와 같아서 손手같은 것들로 일을 할 수 있다고 하면 이는 옳지 못하다. 왜 그런가? 이 경우는 낫과는 별도로 풀 베는 사람이 존재하지만 (자아의 경우) 몸과 마음 등 여러 기관根들을 떠나서 따로 짓는 놈이 존재하지 않는다. 그래도 짓는 놈이 눈이나 귀 등으로는 얻어지지 않지만 짓는 놈은 존재한다고 말한다면 이는 석녀石女-불임 여자의 자식이 무슨 짓을 할 수 있다고 말하는 것과 같다. 이처럼 모든 지각知覺 기관은 자아일 수 없다.

결과적으로 색色은 내我가 아니다. 만약 색이 나라면 색에서 병病이나 괴로움은 생기지 말아야 할 것이다. 내가 있다면 그렇게 바라지는 않았을 것이다. 수·상·행·식도 마찬가지다.

이것이 근본불교에서의 무아無我에 대한 이해이다.

통상적으로 우리는 자아를 몸과 완전히 동일시하지도 않고 마음과 동일시하지도 않는다. 그냥 몸과 마음의 주인으로서의 자아가 있다는 막연한 느낌에 매달린다. 그 원인은 시간이 흘러도 연속성을 유지하는 그 어떤 것이 있다는 생

각이다. 그러나 이러한 자립적自立的인 자아의 개념은 이를
주장하는 사람들 마음에만 존재한다.

자립적인 자아란 곧 자성自性으로 성립된 자아이다. 불교의
설명에 따르면 자성自性이란

> 1. 인연으로부터 조작된 것이 아닌 것
> 2. 다른 것을 관대(關對)하지 않는 것
> 3. 일체의 시처(時處)에 변화하지 않는 그런 것이
> 다. 그런데 그런 절대적 존재자는 곧 신(神)뿐이다.

이런 의미에서 무아론은 무신론無神論에 닿아 있다.

인간 고뇌의 근원은 허망분별虛妄分別인데 안으로는 아我-
人를 집착하고 밖으로는 법法-사물을 집착한다. 불교에서는
그 인·법이 자성自性이 없다는 것 즉 공空임을 가르친다.

제법무아는 유명론有名論으로도 설명된다.

만물은 이름名에 불과하다. 만물에 이름을 붙이는 이유는
만물을 차이로 표시하기 위함이다. 인간은 차이 나지 않는
것은 인식할 수 없기 때문이다. 이러한 이유에서 이름은
만물을 차이 나게 한 인식의 모체母體이다. 이를 도덕경에
서는 유명有名은 만물의 시작이고 인식의 모태母胎라 하였
다.

불교에서는 이를 다음과 같은 예로써 설명하고 있다.

갈래가지·부분를 시설施設하고 정립하여 수레가 존재하지만 수레는 갈래가 아니고 갈래를 취합한 것도 수레가 아니다. 반드시 갈래를 취합한 것을 근거로 이름 붙이는 토대가 생기고 거기에 이름을 부를 때 수레가 된다. 세상의 수레는 형체가 있을 때부터 시작하는 것이 아니라 이름이 생길 때부터 시작한다.

예를 들면 세상에 처음 수레가 만들어졌을 때에는 발명자도 아직 이름을 붙이지 않아 수레의 형체가 있더라도 수레의 이름이 없다. 따라서 세상에는 수레가 없는 것이 된다. 이처럼 시설하는 대상은 있지만 그 이름으로 존재하며 시설하는 것의 실체는 있을 수 없다. 수레의 명칭이 없으면 수레라고 하는 생각을 일으킬 수 없다.

이와 같이 하나하나의 온蘊은 사람의 자아가 아니고 온을 취합한 것 역시 사람의 자아가 아니다. 온을 취합한 것을 근거로 이름 붙이는 토대土臺가 생기고 그 위에 이름만으로 정립하는 자아가 사람의 자아이다.

또한 금강경金剛經에서

> "수보리야, 너는 어떻게 생각하느냐? 보살이 불국토를 장엄하다고 하겠느냐?"

아닙니다. 세존이시여, 불국토가 장엄하다는 것은 곧 장엄해서가 아니라 그 이름이 장엄하기 때문입니다.

수보리야, 비유컨대 만일 어떤 사람의 몸이 수미산(須彌山)만 하다면 네 생각에 어떠하냐? 그 몸이 크다고 하겠느냐?

수보리가 말씀드리기를

매우 큽니다. 세존이시여, 부처님께서 말씀하신 것은 몸이 아니며 그 이름이 『큰 몸』일 뿐이기 때문입니다."

금강경金剛經은 이렇게 만물이 이름에 불과함을 지적하고 있다. 만물은 그 자족적 실체가 존재하는 것이 아니라 단지 만물들의 차이를 알리기 위한 방편으로써의 이름이 곧 만물의 실체를 대신하고 있다는 것이다. 인간의 자아 역시 그러하다.

즉 인간을 포함한 만물은 어떤 자가성과 고유성의 독자적인 존재를 지니고 있는 것이 아니라 다만 다른 것들과의 연계성 속에서 그 차이를 띤 기호記號의 묶음과 같다. 이름名이 차이의 기호記號라는 것은 만물이 다른 것들과 서로 오가는 왕래를 차이 속에서 지니고 있음을 반영한다.

즉 이름은 차이 속에서 서로 연기의 그물망을 짓고 있음을
표시하기 위해 필요한 기호이다. 이름은 만물을 다양하게
표시하여 그 만물을 관련성의 그물로서 연생緣生함을 인식
하게 하는 원천이다.

3부

대승불교와 유식학

1장. 대승불교

불교는 부파部派불교와 대승大乘불교로 나눈다. 부파불교는 근본불교가 여러 분파로 나뉜 상황 때문이고 그 다음을 소승小乘불교로 분류하기도 하지만 일반적으로 이들을 합쳐 부파불교 시기로 본다. 소승은 대승불교의 관점에서 붙인 이름이다.

초기 불교인 부파불교는 사성제四聖諦라는 문으로 들어가 인무아人無我는 받아들였으나 법무아法無我에는 이르지 못하였다. 그 수행방식은 괴로움의 원인인 탐욕과 성냄 그리고 어리석음貪嗔痴 그 각각에 대응하여 계·정·혜戒靜慧를 수습修習한다. 이들은 자기 자신의 윤회로부터 신속히 해탈하기 위해 자리自利만을 행하고 자비慈悲가 보다 작기 때문에 소승이라고도 한다.

이에 비해 대승大乘이란 여섯 바라밀보시(普施)·지계(持戒)·인욕(忍辱)·정진(精進)·선정(禪定)·반야(般若)이라는 문으로 들어간다. 또한 인·법人法 양쪽에 아我가 없다고 이해하고 자리自利와 이타利他 양쪽을 성취하기 때문에 대자비大慈悲와 반야를 구비하고 있다.

여섯 바라밀Paramita-卓越·完成은 부파불교의 삼학三學 즉 고苦의 원인인 탐·진·치貪震痴의 대처對處로써 각각 계·정·혜戒靜慧를 설정한 것을, 자비와 지혜라는 대승정신을 담아 이들 계·정·혜를 보다 깊이 있고 능동적인 형태로 탈바꿈시킨 것이다.

즉 수행과정에 있어 자비의 실천으로써의 보시普施가 우선적으로 요구되었고 단순하게 계율戒律을 지킨다는 정태적靜態的 계戒를 지계持戒·인욕忍辱·정진精進으로 세분細分하여 수행의 적극성을 강조하였다.

반대로 탐·진·치로 분리되었던 고苦의 원인을 무명無明·무지無知 하나로 모아 앎의 중요성과 의미를 심화시켰다. 그렇게 하여 정과 혜의 다른 이름인 선정禪定-Samata·止과 반야般若-vipasayana·觀로서 고苦를 다스린다는 것이다.

지止와 관觀은 바람과 촛불과 같은 관계로 촛불이 밝더라도 바람이 불면 대상을 분명히 볼 수 없게 되고 지samata에 오래 머물면 관vipassayana이 쇠퇴해지기 때문에 지와 관은 함께 닦아야 한다.

이때 선정과 반야 중에 반야prajana라는 직관적 지혜를 얻는 것이 가장 중요하다. 앞의 다섯은 반야와 같이하지 않으면 그 완성完成=바라밀을 이루지 못한다. 또한 다른 관점에서 보면 앞의 다섯은 그 최후를 장식하는 마지막의 반야를 위한 준비이다.

여섯 바라밀에 있어 자비의 실천으로써의 보시普施가 우선적으로 요구되었고 이는 보살菩薩 정신으로 구체화된다.

보살은 보리普堤-bodhi와 살타薩埵-sattva의 합성어로 용수는 대지도론에서 "보리는 부처님이 깨달은 진리이고 살타는 중생 혹은 대심大心-큰 마음이다. 이 보살은 부처님의 모든 공덕을 다 얻고자 하며, 그 마음을 끊을 수가 없고 깨트릴 수 없는 것이 마치 금강석과 같기 때문에 대심이라고 한다."

불교의 진정한 핵심을 보이는 것은 보살사상을 중시하는 대승大乘으로써의 중관불교이다.

초기 불교는 종교라 할 수 없다. 단지 계율과 인간적인 스승에 대한 경배심敬拜心에서 모인 승려집단일 뿐 어떤 기도행위나 종교적 열정, 초월적 존재에 대한 귀의歸依같은 것은 없었다. 부처佛는 그저 숭고한 인간일 뿐 그 이상의 존재가 아니었다. 그래서 그가 열반에 든 후에도 존재하는지 아닌지는 의문거리였다.

그런데 중관학파가 흥기興起하며 기도祈禱와 헌신獻身이 대승불교 내에 도입되었는데 이는 아마 인도 남부지방 종교의 영향에서 기인한 듯하다.

대승불교에서는 부처를 단순히 역사적으로 실존한 인물로만 간주하지 않았다.

여래如來로서의 부처는 모든 존재의 핵심法身이고 또 거룩하고 신성한 형상報身을 갖추고 있으며 중생을 미망迷妄으로부터 인도해주는 진리法를 전하기 위해 자유자재하게 갖가지 형상化身을 나타내기도 한다.

보살菩薩은 붓다를 자신의 이상理想으로 하여 보리菩提를 추구하고 그것을 위해 수행한다. 반야般若와 자비慈悲는 보리심의 두 가지 근본적인 특징이다. 여기서 공성空性에 대한 깨달음인 반야般若-지혜는 지적知的인 직관으로 반야바라밀다지혜의 완성는 지적知的이고 도덕적이고 종교적인 의식意識의 통합체이다. 이는 철학적 종교라는 인도 종교의 특성에 근거한 것이다.

반야般若가 근원, 본질을 향해 초월해 있다면 자비慈悲는 전적全的으로 세계 내적인 것으로 현상現象을 향해 있다. 자비는 공성이 현상세계에 구체적으로 나타난 모습으로 이는 삶에 대한 능동적 원리로서 위대한 자비심은 어떤 감상적 당위當爲에서 나온 것도 아니고 광대하지만 맹목적인 것이다. 이러한 자비는 연기緣起에 대한 깨달음을 통해 모든 중생들의 보편성과 평등성을 체득體得함으로써 생生한다.

불교 성전聖殿에서 문수文殊와 관세음觀世音은 신성神性의 두 가지 측면 즉 지혜와 자비를 구체적으로 표출하고 있는 보살들이다. 이는 보다 순수한 신격神格의 관념이며 다른 종교에서는 발견하기 어렵다.

대승불교는 크게 중관학파^{中觀學派}와 유식파^{唯識派}로 나눈다.

중관학파가 불교의 존재론, 원론에 해당한다면 유식파는 그에 대한 인식론으로 이해될 수 있다. 이를 불교철학에서는 요의^{了義}와 미요의^{未了義}로 구분하였다.<티베트 불교철학> 마츠모토 시로

대승의 중관파는 요의^{了義}로써 세속^{世俗}에 있어서는 내외의 일체 법^{法-物}은 연기하고 있는 것이고 환^幻의 상^相으로만 존재하지만 승의^{勝義}로써는 내의 심^心과 외의 경^境은 양쪽 모두 그 자신과 타의 것과 자타쌍방과 비인^{非因}으로부터 생겨나지 않기 때문에 자성^{自性-본질}과 유^{有-존재}를 가지지 않는다.

이처럼 세속에 있어서는 무^無가 아니고 승의로써는 유가 아니기 때문에 유와 무의 어느 양변에도 집착하지 않고 머물지 않는다. 즉 중도^{中道}이다.

여기서 요^了란 '끝을 내준다.'는 뜻으로 진실을 나타내는데 있어 미진^{未盡}하여 다른 경^經이나 주석^{註釋}으로부터 인용해야 할 필요가 없이 그 자체로 완결된다는 의미이다.

미요의^{未了義}의 대승이란 일체^{一切}를 유심^{唯心}이라고 주장하는 유식파의 설이다.

색성^{色聲} 등의 모든 외경^{外境-인식의 외부에 있는 대상}은 심^心 자체가 미란^{迷亂-착란}하여 대상으로 현현하지만 승의^{勝義}로써는

외경 자체로가 아니라 그 심이 바뀌어 그러나 그 심에 의
지하여 생긴 지智의 성질만이 존재한다. 요컨대 소취所取-인
식에 대상으로 나타나는 것와 능취能取-인식 그 자체를 넘어서 자기인
식으로써의 지智뿐이라는 것이다.

2장. 유식학(唯識學)

유식학은 중관파의 영향을 받아 부파불교의 아비달마 논
장論藏을 깊이 있게 재해석하였다.

유식학의 기본 경전이라 할 수 있는 아비달마구사론阿毘達
磨倶舍論-Abhidharmakosa은 부파불교소승-小乘에서 붓다의 깨달
음인 무루無漏의 정혜淨慧를 해석한 아비달마 논장에 뿌리
를 두고 있다. 아비달마구사론은 (산스크리스트어 아비
abhi는 -에 대하여, 달마dharma는 법法, 구사kosa는 창고倉庫)
법에 대한 논論을 모아서 저장한 논장論藏이라는 의미이다.

이 책의 저자인 세친世親-Vasubandu (400-480)은 이전 시대의
여러 아비달마를 기초로 하여 독자적인 교의체계를 구축
하였고 그의 형兄 무착無着-Asanga은 유가瑜伽-yoga 유식파를
개창開創하였다.

유식학은 중관中觀학파의 공성空性을 여러 명제命題들을 세
우고 축조築造하여 그 바탕을 변형시킨 것이다.

유식파에서는 대상對象이 아니라 오직 식識이 실재한다고
주장한다.

이는 중관파에서 의식과 대상은 서로 의존하고 있기에 그
둘 모두 자체로써는 실재하지 않는다고 하는 주장에 대한
반대이고 동시에 소승의 아비달마 논사論師들 같이 대상도
식과 마찬가지로 무비판적으로 긍정하는 실재론實在論에
대한 반대이다.<불교의 중심철학> 무르띠

유식파는 붓다의 교법敎法에 대한 논의, 이해판단을 위해
주로 의식작용에 대한 정밀한 분석을 하였고 따라서 불교
의 주요한 개념, 용어들은 이들에 의해 정리되었다.

유식학에서는 인간의 삶을 마음의 흐름으로 이해한다. 그
리고 아라야식은 그 마음의 흐름을 이루는 근본이다. 아라
야식의 활동은 그 자체가 인간의 심의식心意識의 역학力學인
동시에 그 내용을 이루고 있다. 유식학은 이 심의식이라는
정신현상을 중심에 두고 우주론을 설說한다.

2.1. 인식작용의 구분

유식학은 인간의 마음의 작용인 심心, 의意, 식識을 각각 제
8식, 제7식, 제6식으로 구분하고 오관五官-감각기관이 외부세
계를 수용하는 기능을 전오식前五識으로 설명한다. 그리고
8식心과 7식意은 무의식이며 6식은 유의식이다. 같은 무의
식이라도 8식인 아라야Alaya식은 본성적本性的 무의식인 반
면에 7식인 말나Manas식은 본능적本能的 무의식이다.

2.1.1. 아라야식

아라야식은 산스크리스트어 알라야alaya를 음역한 것으로 '아ª'는 '아니다'라는 부정사이고 라야laya는 '없어진다'로 알라야는 '없어지지 않는다', '쌓인다'는 의미로 한문에서는 장식藏識으로 번역한다.

아라야식은 유식학을 구성하는 가장 주요한 개념으로 과거의 모든 정신상태 등을 모두 간직해서 담아놓고 있어 기회가 오면 녹음테이프처럼 담아놓았던 것이 모두 재생再生, 작용하기 때문에 종자식種子識이라고도 한다. 아라야식과 종자식은 본체와 작용의 관계이다.

아라야식은 능연能緣을 일으키는 일체의 식종자識種子들이 모여 있기에 공능功能의 힘이기도 하지만 동시에 그 종자들을 저장하는 장소이기도 하다. 아라야식 속에는 그 인간의 삶을 전개展開해 나가는 종자種子들이 소장되어 있다. 여기서 종자라고 하지만 이는 씨앗처럼 실재로서 존재하는 것이 아니라 습기習氣 혹은 흐름이다.

아라야식은 인간존재存在의 실재實在로서 끊임없이 생성과 소멸의 반복을 거듭하며 시간과 공간 그리고 종류를 달리하여 숙성된 과보果報를 낳게 한다. 그리고 그 공능이나 내용에 따라 집지식執持識-Anada식과 이숙식異熟識-Vipaka식 그리고 아말라식Amala식 세 가지 이름을 갖는다.

아라야식의 본래성은 진여眞如, 공空이지만 생명과 감정과 개념概念 등의 종자種子들이 스며들어 염오染汚와 관련하게 된다. 이 염오의 종자가 삼계三界의 윤회를 거듭하는 동안에도 끊이지 않고 업業을 유지시킨다는 의미에서 집지식執持識이라고도 한다.

중생의 무명無明의 원인은 숙업宿業처럼 이미 결정된 습기習氣가 지속적으로 내려오는 이 염오의 종자식에 의해 본래성인 진여眞如가 가려져 있기 때문이다.

집지식은 행위의 원인과 결과가 동일하다. 그러나 중생이 짓는 선악善惡이라는 업業의 과보果報는 그것이 부귀빈천富貴貧賤으로 나오는데 선악과 부귀빈천은 서로 그 내용은 통하지만 그 형태는 다르다. 이처럼 다른 형태의 업異熟業을 낳기에 -과보로서의 부귀빈천은 그것이 다시 업이 된다.- 이숙식異熟識이라고 한다. 그리고 이는 집지식과 함께 윤회의 근본요인이다.

그리고 아라야식의 청정무구淸淨無垢한 본래성을 아말라식이라고 하지만 이 용어를 쓰는 경우는 드물다.[5]

이렇게 진망眞妄이 화합和合한 아라야식을 마음이라고 한다면 마음은 모아진 종자種子들의 성격에 따른 정해진 경향안에서 사유思惟하면서도 또 동시에 그 경향에 대해서는 거리를 두는 자유로운 사유이다.

아라야식은 자유로운 사유를 할 수 있는 자기自己 즉 능연의 주체라는 점에서 자기성自己性이다. 이러한 자기성은 인간으로서의 자기존재의 가능성과 고유성을 뜻한다. 자기성으로서의 자기는 단지 행동을 일으키는 행위자로서의 주체적인 자기일 뿐 아집我執·아만我慢 등을 일으키는 자아自我와는 다르다.

제8아라야식은 일체의 종자習氣를 거두고 저장하여 잃어버리지 않기 때문에 무시無始이래로 범부들은 이 제8식을 자신의 실아實我라고 애착하고 있다. 그리고 말나식이 자기自己를 실아라고 여기게 하는 역할을 한다.

2.1.2. 말나식

제7말나식의 말나manas는 의意라는 뜻이며 사량思量을 본성으로 한다. 말나식은 아라야식을 의지하여 아라야식 중의 종자가 전변轉變하여 생긴 것인데 이 말나식이 항상 아라야식을 대상으로 하여 자신을 주체적인 자아自我라고 비량非量-잘못된 인식하고 집착한다.

5　이를 간추리면 아라야식은 진망동거식(眞妄同居識)으로
　　1. **아나다식(Anada식-執持識)**: 선악의 종자가 등류종자(等類種子)로서 같은 종자의 성질이 같은 성질의 결과(선인선과·악인악과)로 결정된 하나의 흐름
　　2. **비파카식(Vipaka식-異熟識)**: 종자가 현행을 낳을 때 이숙종자가 등류종자에 제동(制動)을 걸어 증상연(增上緣)을 일으켜서 원인과 결과가 다르게 나타나는 흐름
　　3. **아말라식(Amala식)**: 아라야식의 본래성으로 청정무구한 흐름으로 무시이래로 있어 온 마음의 빛으로서의 여래성(如來性)

　　이 중 아나다식과 비파카식은 염오식(染汚識)이고 아말라식은 무구식(無垢識)이다.

자아는 먼저 나를 생각하고 그 나가 인연으로부터 조작된 것이 아닌 것, 다른 것을 관대關對하지 않는 것, 일체의 시 처(時處)에 변화가 없는 자성自性을 가진 것이라고 고집한 다.

유식학에 따르면 인간 고뇌의 근원은 허망분별虛妄分別인데 안으로는 아我를 집착하고 밖으로는 법法-사물을 집착하는 데 있다. 그리고 이 아집, 법집이라는 집착이 표면적으로 강열한 것은 제6의 식意識이지만 그 이면裏面에는 보다 근 원적인 말나식의 집착이 무의식의 상태로 자리하고 있다.

제7식은 우리의 5관, 6식 즉 현식現識보다 깊은 곳에 잠재 된 무의식의 형태로 존재하여 모든 것을 소유, 장악하려는 의지로써 작용한다. 무의식인 제7의 의지意志작용은 무 기無記의 제6식인 의식意識보다 강하다. 따라서 우리들 의식 은 자아自我, 자의식自意識의 행태인 아견我見, 아애我愛, 아치 我癡, 아만我慢등을 낳아 번뇌에 덮여있으며 그 생각하고 헤 아림思量이 간단없이 항상恒常한다.

2.1.3. 제6식

제6식은 안식眼識, 이식耳識, 비식鼻識, 설식舌識, 신식身識의 전 오식前五識과 이들을 통합하여 인지하거나 혹은 상상想像할 수 있는 의식意識 여섯을 말한다. 따라서 제6식은 전오식과 동시에 혹은 홀로 일어난다. 제6식의 기본적인 성격은 무 기無記 즉 선악 어느 쪽에도 편향되어 있지 않다. 의식은 판 단한다. 그러나 그 판단의 근거는 무의식이다. 이것이 제7

식인 말나식이 제6식보다 강한 이유이다.

2.1.4. 전오식(前五識)

전오식은 오감五感과 같이 감각적인 인식을 말한다. 우리는 일반적으로 감각을 의식과는 별개의 것으로 생각한다. 그러나 오히려 감각은 의식작용의 가장 기초적인 토대로 모든 인식을 가능하게 해준다.

2.2. 식(識)의 여러 행태와 작용

2.2.1. 식(識)의 전변(轉變)

인간은 연기법을 깨달아 무자성·공 즉 아공我空, 법공法空의 진리를 증득證得하면 아집과 법집을 단절할 수 있어 바로 진여眞如의 세계에 들어가게 된다. 진여의 세계는 곧 승의勝義의 세계로 공성空性을 본질로 하기에 무념무상의 세계라 할 수 있다.

그러나 깨달은 분이라 하더라도 현상세계에 머물기 때문에 일상의 삶에서는 사유를 멈출 수 없다. 깨달은 분이 공성을 직접 지각하여 실유實有가 현현하지 않는 즉 현상세계를 의식하지 않는 것은 오직 선정禪定에 들었을 때뿐이고 일상의 삶을 살 때는 그 현상세계를 보게 된다.

그러나 깨달은 분과 속인俗人의 사유가 같을 수는 없다. 깨달은 분에게는 유루有漏의 번뇌심에 덮여있는 아라야식 등 네 가지 식識이 전환하여 네 가지 보리菩提 즉 네 가지 지혜를 이룬다.

1) 아라야식은 모든 사물을 있는 그대로 비추어보는 지혜인 대원경지(大圓鏡智)가 되고

2) 말나식은 나와 남을 평등하게 보는 평등성지(平等性智)로

3) 의식은 제법의 모습을 잘 분별하는 묘관찰지(妙觀察智)로

4) 전오식은 본원력(本願力)에 의하여 보살과 성문(聲聞), 범부를 이(利)롭게 하는 방편지(方便智)인 성소작지(成所作智)가 된다.

2.2.2. 사분설(四分說)과 사연설(四緣說) - 인연과 인식
2.2.2.1. 사분설

유식학에서는 심心과 심소心所-마음의 대상의 관계에 따라 상분相分, 견분見分, 자증분自證分, 증자증분證自證分의 넷으로 구분한다.

마음이 대상과 연緣하여 감관기관前五識에 현현하는 일차적인 상분相分이 있고 이 상분을 연緣하여 견분六識이 있게 된다. 자증분과 증자증분은 이 견분을 검증하고 확인하는 주관主觀이다.[6]

6　이를 차례대로 설명하면
1. 상분은 심이 심소에 연하여 감관에 나타나는 인식대상을 말하며
2. 견분은 이 상분을 식별(識別)하는 인식작용이다.
3. 자증분의 자(自)는 견분이고 증(證)은 증지(證智)의 뜻으로 견분의 작용을 인지하는 것이다.
4. 증자증분의 증은 증지이고 자증은 자증분이므로 자증분의 작용을 거듭 인지하는 것이다.

이 사분四分 가운데 상분은 마음에 나타난 객관적인 바깥 경계의 모습이므로 소연所緣-연의 대상이고 나머지는 모두 주관적인 심식의 작용이므로 능연能緣이다.

2.2.2.2. 사연설

심의식이 현행하기 위해서는 인연이 필요하다. 연緣이란 원인, 조건, 계기, 도움 등의 뜻을 가진다. 여기서 연은 아라야식인 종자種子의 연을 말하는데 종자는 씨앗과 같은 것이고 이는 흙, 물, 햇빛의 도움없이는 발아發芽할 수 없다. 그리고 그 연의 종류에는 인연因緣, 등무간연等無間緣, 소연연所然緣 그리고 증상연增上緣의 네 가지가 있다.

인연에는 소연과 능연이 있다. 마음이 대상과 연緣하는 소연에 의해 상분이 있게 되고 능연은 그 상분을 인식하여 견분이 있게 한다. 소연과 상분, 능연과 견분은 그 관점의 차이일뿐 내용에서는 같다.

종자는 인연을 만나면 현행現行-활동하게 된다. 이를 종자생현행種子生現行이라고 하는데 현행능연은 곧 인식활동이다. 이 현행의 결과로써의 내용은 아라야식에 되돌려 저장하게 되는데 이때 되돌아 온 내용이 아라야식에 이미 저장된 종자를 훈습薰習하여 그 성격과 능력을 증대시킨다. 이를 현행훈종자現行熏種子라고 한다.

등무간연은 인식과정에서 앞생각이 뒷생각으로 이행移行할 때 단절없이 이끌어서 생生하게 하는 작용을 말하는데 현행과 훈습의 관계가 그러하다. 소연연은 앞의 능연^{현행}에 의해 훈습^{薰習}된 그 심의식을 대상^{소연}으로 다시 능연을 일으키는 것이다. 이렇게 하여 새롭게 증대^{변화}된 인식활동이 가능하게 된다. 이 소연연이라는 개념이 불교 인식론의 특성이다.

증상연은 앞의 세 가지 연 이외의 모든 심의식 생기의 원인과 조건들을 총칭하는데 예를 들면 눈, 귀, 코 등은 다른 식^識들의 현행을 도와서 그 결과를 증대시킨다.

2.2.3. 삼성설(三性設) - 현상론

유식학에서는 현상계의 상^相을 세 가지로 나누어 설명한다. 즉 변계소집상^{遍計所執相}, 의타기상^{依他起相}과 원성실상^{圓成實相}의 세 가지 상이 있다.

변계소집상은 실제로는 상^相과 색^色과 명^名과 아^我와 법^法 등이 없는데도 잘못된 의식작용에 의해 가설^{假設}된 것으로, 어두운 곳에서 밧줄을 뱀으로 착각하는 경우가 이에 해당한다.

의타기상은 모든 존재하는 것은 두 갈대의 묶음처럼 서로 의존하여 서 있다는 즉 연기하는 존재 방식을 말하고 원성실상은 현상계의 일체의 진실한 진여^{眞如}로서 인^人·법^法 이공^{二空}을 체득한 경계에서만 깨닫게 되는 궁극적 진실이다.

이를 그 본성의 관점에서 보면 원성실성^{圓成實性}은 의타기성依他起性의 실성實性으로써 의타기성이 세속世俗 그리고 원성실성은 승의勝義라는 관계에 있다.

2.3. 유식학과 관념론

유식사상이 심·의·식으로 세상을 해석한다고 해서 서양철학의 관념론과 혼동해서는 안 된다. 관념론에서 세계는 자아自我의 의식에 의해 정립되기에 세계는 자아의 자기 창조능력의 객관화와 다르지 않다. 그러므로 세계는 자아의 의식에 종속된 부산물에 불과하다. 그런 세계는 일방적이어서 의식에 아무런 영향을 주지 못하고 고정된다.

그러나 유식사상에서 말하는 유심론唯心論에서의 세상은 마음이 그리는 반연攀緣의 그림이 현상화現象化되어 나타난 마음의 현상이지 마음에 의해 정립된 대상이 아니다.

또한 세상은 마음의 상분으로써 그 상분이 스크린에 비친 그림처럼 나타나지만 그 세상상분이 능연에 의해 마음의 견분이 되고 그 견분이 아라야식에 반송返送되면서 소연연所緣緣이 되어 새로운 세상의 모습을 만들어 나간다. 즉 세상은 능연과 소연연이 서로 주고받는 마음의 반복反復작용으로 끊임없이 변한다.

관념론자인 헤겔의 절대 정신은 주객의 종합에 따른 상승上昇에 의한 목표에 이르는 목적론을 겨냥하고 있지만 유식학에서는 마음이 마음 안에서 동시적으로 능能·소所의 지위가 반복을 일으키는 순환론이 전개될 뿐이다.

유식학에서 마음과 세상은 하나이다. 유심론은 곧 유식학파의 우주론이라 할 수 있다.

4부

─

중관학파

중관학파(中觀學派)

1장. 중관학파에 대한 이해

중관中觀이란 용수龍樹-Nagarjuna (B.C. 150?-250?)의 중론中論으로부터 나온 이름으로 이는 불교의 근본원리인 양극단에 치우치지 않는 중정中正의 도道 즉 중도中道를 바르게 파악하는 것을 말한다.

중도中道는 성철스님이 그의 저서 백일법문百日法問에서 처음부터 끝까지 거듭 강조한 불교의 핵심진리이다. 그분은 이를 진리로써 강조하고 있지만 선종禪宗의 입장에서 경전과 조사의 말씀을 들어 중도의 대의大義를 보여주셨지만 그것이 왜 진리인지에 대해서는 구체적으로 설명해주시지 않는다.

그것이 선종의 특성으로 물론 성철스님은 그것을 잘 아시고 계셨겠지만 우리는 그 진리에 대해서 알고 있다고 생각하지만 기실其實은 아무것도 모른다.

중관학파에서는 이를 논리적으로 해명함으로써 우리 같은 중생도 그것을 이해하고 접근하는데 절대적 도움을 준다. 그 이해의 끝이 비록 해오解悟이기는 하지만 말이다.

중관파의 목적은 '논리論理에 의한, 논리로부터의 해탈'에
있다. 그만큼 중관파에게 논리는 중요하다. '논리에 의한
해탈'과 '논리로부터의 해탈'은 서로 어긋나 보이지만 실
은 서로 돕는 관계이다.[7]

논리論理는 대상을 이해하거나 말하는데 있어 필수적으로
따라가야 할 길이다. 그 길을 벗어나서는 대상을 이해할
수 없다. 따라서 무명을 벗어나 해탈을 추구하기 위해서는
논리에 의지해야만 한다.

그러나 논리로는 사물의 본질 공성空性을 파악하지 못한다.
그리고 그것을 파악할 수 있는 것은 직관直觀뿐이다. 직관
은 논리를 궁극에까지 밀고 나가 그 한계에 이르러 그로부
터 벗어났을 때 즉 논리로부터 해방된 그 지점에서 만나는
사유형식이다. 따라서 '논리에 의한 해탈'과 '논리로부터
의 해탈'은 상호보완적이다.

중관학파를 창시한 사람은 용수이다. 그 당시에는 공空 사
상을 밝힌 반야바라밀경이라는 대승경전이 유행하였고
그는 이에 많은 영향을 받았다. 그는 이를 주석註釋한 대지
도론大智度論-'대'는 마하 '지'는 반야, '도'는 바라밀에서 모든 세간의 사
이 공空임을 말하고 있을 뿐 아니라 성불成佛한 다음의 열
반도 공하며 실재가 아니라고 한다.

7　이 어구(語句)는 불교학자 김성철의 '중론의 이해'의 부제(副題)이다.

그는 "나는 부처의 가르침도 환상과 같고 꿈만 같다고 열반도 환상과 같고 꿈만 같다고 말한다. 만약 열반보다 뛰어난 법이 있더라도 나는 역시 환상과 꿈만 같다고 말한다. 이와 같다면 세간의 괴로움인들 무엇이 두려우며 열반의 즐거움인들 무엇이 기쁘겠는가?"라 한다.

그러나 이 말에는 오히려 세간의 삶에 대한 강한 긍정이 담겨있다. 보살菩薩의 삶은 세간의 괴로움과 열반의 즐거움을 연계시켜 그 모두를 충족시킨다.

중관파 이론의 목적은 불교의 최고 원리인 중도中道를 연기론과 연계시켜 논리적으로 입증하는데 있다. 즉 초기 경전에 "자아가 존재한다고 부처님께서는 선언하셨다. 그분은 무아無我의 교리도 가르치셨다. 그분은 자아도 없고 무아도 아니라고 가르치셨다."고 한 중도中道의 말씀을 대승의 중관파의 논리적인 관점에서 풀이하는 데 있다.

중도사상의 가장 기본적인 형태는 있음有과 없음無, 생함生과 멸함滅, 단견斷見과 상견常見, 즐거움樂과 괴로움苦 등 상대적인 양 극단 그것을 부정하는 것이다.

중관사상의 요체要諦는 다음과 같은 두 문장으로 집약集約될 수 있다.

하나는 중관사상의 원론에 해당하는 것으로 '모든 사물은 연기緣起하는 것이기 때문에 세속世俗에서는 환영幻影과 같

은 것으로만 생기生起하지만 승의勝義로써는 자, 타, 자타쌍
방과 비인非因에서 생기지 않기 때문에 자성을 가지지 않
는다. 즉 무자성이다. 따라서 세속에서는 무가 아니며 승
의로써는 유가 아니기 때문에 유와 무 어느 변邊에도 집착
하지 않고 머물지 않는 중도이다.'라고 하는 것이다.

다른 하나는 그 운행運行에 관한 것으로 "제법諸法은 자체自
體에 의해 성립하고 있는 자성自性이 티끌만큼도 없는데 그
럼에도 불구하고 소생所生-생겨난 대상과 능생能生-생기게 하는 능
력, 부정과 긍정 등의 윤회세속와 열반涅槃-해탈의 설정을 모
두 승인하는 것"이 가능하다는 것이다. 즉 현상세계를 긍
정적으로 정립하는 것이 가능하다는 것이다.

이것이 중관파의 불공不共-다른 것과 공통되지 않은, 수승(殊勝)-특히 뛰
어난 일한 법이다.

중관파의 교리는 이에 대한 논리적 해석이라 할 수 있다.
그리고 이를 해명하기 위해 연기, 무자성, 공 등의 개념을
세운다. 역으로는 이 개념들을 통해 그러한 결론에 이르렀
다고 볼 수 있다.

그의 주저主著인 중론中論은 반야경般若經에서 정언적定言的으
로 설說한 공空사상을 연기설과 연관시켜 논리적으로 해명
한 논서다.

그 중에서도 중론中論의 제일품인 관인연품觀因緣品의 첫 게

송偈頌인 귀경게歸敬偈는 중관학파 논리의 기초로서 불생불멸을 내세우고 이를 설명하고 있다.

"생겨나지도 않고 소멸하지도 않으며
　不生亦不滅
　항상하지도 않고 단절된 것도 아니며
　不常亦不斷
　동일한 의미도 아니고 다른 의미도 아니며
　不一亦不異
　오는 것도 아니고 가는 것도 아니다.
　不來亦不出

　이런 인연법을 말씀하시어
　能說是因緣
　모든 희론을 잘 적멸시키시도다.
　善滅諸戲論
　내가 머리를 조아려 부처님께 예를 올리니
　我稽首禮佛
　모든 설법중에서 제일이로다."
　諸說中第一

이는 부처님의 가르침 중에 으뜸인 중도사상을 팔불八不로 표현하여 그것이 연기緣起의 진정한 의미라고 선언한 것이다. 사실 이 네 쌍의 개념 안에 세간에서 일어날 수 있는 모든 현상들이 다 들어있다고는 할 수 없을지라도 상대개념들 중에 대표적인 것이기에 근본불교부터 유사한 형태로 논의되어 왔다.

여기서 먼저 분명하게 알아야 할 것은 여덟 가지를 부정하는 팔불八不의 논리는 세속적 관점에서의 이해가 아니라 승의勝義의 정리正理라는 것이다. 승의의 정리는 그 목적이 실재를 부정하는 데 있지 않고 그에 대한 개념, 관념을 부정하는 것이다.

팔불 중에서는 생김과 소멸이 가장 중요하며 나머지 세 쌍의 개념은 이 처음 개념을 보다 자세히 설명한 것이다.

불생不生에 대해서는 중론 관인연품觀因緣品 3게揭에서 다음과 같이 논증論證한다.

모든 법은 스스로 생겨나는 것도 아니고 다른 것으로부터 생하는 것도 아니며 그 양자에게서 함께 생하는 것도 아니고 아무 원인 없이 생하는 것도 아니다. 그러므로 무생임을 알아라.諸法不自生 亦不從他生 不共不無因 是故知無生라고 한다.

> 1) 자기로부터 생기(生起)하지 않는다. 왜냐하면 이미 생기한 것(자기)으로부터 생기할 경우 이미 자기라는 본성이 성립해 있기에 그것을 다시 생기할 필요가 없다. 또한 어느 때도 생기하기 때문에 (생기가) 무궁(無窮)해 진다. 반대로 생기하지 않은 것으로부터 생기한다면 '토끼의 뿔'과 '석녀(石女)의 아들'도 생기게 된다.

2) 타자로부터 생기하지 않는다. 왜냐하면 이는 일체(一切)로부터 일체가 생긴다는 과실이 있다.[8] 일체(一切)로부터(원인) 일체가 생긴다는(결과) 것은 원인과 결과가 동일하다는 것으로 이를 아리스토텔레스는 그의 '논리학'에서 제일 원인(第一 原因)이라고 한다. 기독교식으로 말하면 신(神)이다.

3) 쌍방으로부터 생기하지 않는다. 왜냐하면 이는 위의 양쪽의 과실을 범한다.

4) 비인(非因)으로부터 생기지 않는다. 왜냐하면 비인이면 어떤 것에도 의존하지 않기 때문에 항상 생기는 것이 되어 모든 것이 영원하다는 말이 된다. 이는 부당하다. 또한 만일 비인으로부터 생긴다면 목적을 위한 노력이 의미가 없게 된다. 사실 원인이 없으면 결과도 없다.

따라서 생기生起는 언설言說에 지나지 않는다. 이와 같이 불생이라면 불멸이라는 반대 개념이 어떻게 있을 수 있겠는가?

불상부단不常不斷은 상주란 먼저부터 확고하게 있는 것이고

8　여기서 '자기로부터'와 '타자로부터'를 나와 남으로 보아서는 안 된다. 그것은 차라리 주체, 주관과 객체나 객관으로 이해하여야 한다. '자기로부터'는 곧 '스스로'의 의미로 자연과 같은 것이다. 자연은 이미 생기해 있기에 다시 생기할 필요가 없다. '타자로부터'의 타자는 또 다른 타자가 있는 것이 아니라 일체의 객체이다.

단멸이란 먼저 있다가 지금 없는 것으로 불생불멸의 이치에서 보면 이 둘은 그럴 수 없다.

불일불이不一不異는 만일 인因과 과果가 동일하다면 인연은 필요 없는 꼴이 되고 다르다異면 상속相續의 법칙(등불이 하나의 불꽃처럼 보이지만 실제는 계속 기름을 태우며 새롭게 타오른다. 이는 인연에 의한 것이다.)이 성립할 수 없다.

불래불출不來不出은 생生이 자재천自在天 등에서 왔다가 그 본래 자리로 돌아간다는 의미이지만 이 역시 불생불멸不生不滅임으로 성립하지 않는다.

자, 타, 쌍방, 비인이라는 논리방식은 불교 특유의 것으로 불교 논리전반에 차용된다.

'불생불멸'은 연기설, 무자성, 공 등의 의미가 함축되어 있어 중관파 논리전개의 기초가 된다. 연기하는 존재는 자성自性이 없기에 무자성이고 무자성이기에 그 존재의 성품은 공空하다. 공에 무슨 생하고 멸하는 것이 있겠는가? 따라서 불생불멸한다.

그러나 중관에서는 실재實在를 부정하지 않는다. 이들은 단지 실재에 대한 이론들 즉 생멸, 상단常斷, 일이一異 등 일체의 개념을 부정함으로써 탈개념화脫槪念化를 목적으로 한다. 개념을 통한 이론, 사고思考는 본질적으로 실재를 드러낼 수 없다.

2장. 논증방식과 주요개념

중관파에는 이론을 정립하는 과정, 논증방식을 두고 자립논증파自立論證派와 귀류논증파歸謬論證派로 갈린다.

귀류논증파는 불호佛護 Buddhapalita (470-540)에 의해 창시되어 월칭月稱 Candrakiti (600-650)으로 이어졌으며 자립논증파는 청변淸辯 Bhaviveka (600-650)와 싼타라크쉬타, 카말라쉴라 등이 이에 속한다.

자립이란 자기 스스로 논증을 만든다는 뜻이다. 이들은 자신의 옳음을 적극적으로 논증한다. 그리고 그에 근거하여 유식학에 대해 그 잘못을 비판한다.

그들은 귀류파가 유식학을 소극적으로 비판한다고 비난한다. 자립파가 귀류파를 소극적이라고 한 것은 자립파는 A가 참임을 자신의 논증식論證式을 세워 이를 증명하여 유식학을 비판하지만 귀류법歸謬法은 A의 참임을 증명하려 할 때 A의 부정否定을 부정하는 논리법을 사용하는 간접적인 논증이기에 소극적으로 보이기 때문이다.

그러나 이러한 이중부정二重否定의 귀류논증에 의해 제시된 개념, 명제에 대해 반론을 제기하는 것은 극히 어렵기에 실상은 강력한 것일 수 있다.

중관파의 귀류법은 정보情報를 획득하려는 수단이 아니다.

그것은 공을 논증하려는 것이다.

사실 중관파의 논의論議의 중심에 있는 공空을 논증하는 데는 귀류법이 보다 적합하다.

허공虛空은 보거나 만지는 느낌이 없는 것에 지나지 않고 이러한 허공을 현증顯證하는 것은 그 허공에 대칭되는 것 즉 느낄 수 있는 것이 있음으로써 그 느낌이 없는 것을 이해할 수 있게 된다. 따라서 공·무를 논증하기 위해서는 그 공·무의 부정인 유有를 부정하는 방법 외에는 없다.

중관파는 중도中道나 생기生起 등 모든 불교의 교리의 개념들에 대한 비판, 부정을 통해 오히려 이를 명료하게 입증하려 하였다. 그들은 '논리에 의한 해탈'을 위해 논리의 기초인 개념, 관념들의 불투명성을 제거하려 하였고 이는 기존의 일체의 견해, 개념들을 부정하는 것에서부터 시작되었다.

그러나 그 목적은 개념 자체를 부정하는 것이 아니라 진리를 개념화하여 고착固着시키는 것에 대한 비판이다. 진리는 고착되면 그 본성을 잃는다. 또한 그런 개념이론에 자신을 얽매는 것에 대한 반대이다.

중관파의 주요한 개념들인 연기緣起, 불생不生과 무자성, 공空 등은 이 각각의 개념들 서로가 깊이 연관되어 있어 하나를 들어 올리면 다른 것들도 따라 올 수밖에 없는 연계를 이루고 있다. 존재에 자성自性이 없기에 공이라 하고 무자성이기 때문에 연기가 가능하다.

모든 존재諸法-우주에 있는 유형. 무형의 모든 사물의 자성自性은 독립적 실체가 아니라 다만 중연重緣이 모여 있기에 그 명칭을 얻은 것이다. 자성이란 그 자체의 본성을 말하는데 중연 속에는 자성이 존재하지 않는다. 자성이 없으므로 공空이다(중론 관인연품 3게揭).

중론 제24장 관사제품觀四締品의 8, 19게揭는 다음과 같다.

　　　"여러 가지 인연으로 생한 존재를
　　　나는 무(無)라고 한다.
　　　衆因緣生法 我說卽是無

　　　또 가명이라고도 하고
　　　또 중도의 이치라고도 한다.
　　　亦爲是假名 亦是中道義 - 8게

　　　인연으로부터 발생하지 않은 존재는
　　　하나도 없다.
　　　未曾有一法 不從因緣生

　　　그러므로 모든 존재는
　　　공(空) 아닌 것이 없다."
　　　是故一體法 無不是空者 - 19게

여기서 가명이라 함은 자성이 공한 존재를 언어로써 표현할 방법은 원래 없는 것이지만 중생을 인도하기 위해 혹은 소식消息-깨달음을 전달하기 위해 어쩔 수 없이 서로 약속한 문자와 언어를 빌려 임시로 붙인 이름이라는 것이다.

중관파의 관점은 모든 사물의 진실로 있는 모습實性은 공空이며 이는 말로 표현할 수 없다는 반야경般若經의 내용을 자신들 사상의 한 부분으로 수용한다.

3장. 연기(緣起)

불교사상 전체는 연기緣起-Pratiya Samutpada라는 수레바퀴의 축軸을 중심으로 회전하고 있다. 연기란 찰나적刹那的으로 출몰하는 사물의 일시적 연속 현상을 말하는 것이 아니다.

칸트는 자신의 저서 순수이성비판純粹理性批判에서 모든 존재하는 것들을 양, 질, 관계, 양태의 네 범주로 분류하고 관계의 성격을 인과성과 상호작용이라고 설명한다. 즉 모든 존재하는 것들은 인과성과 상호작용성이라는 속성屬性에 따라 관계 안에서 관계 맺으며 존재한다는 것이다. 그가 말하는 관계는 연기에 대한 인식론적 해석이라 할 수 있다.

그러나 불교에서의 연기론은 존재론이다. 따라서 근본불

교에서는 12연기설을 통해 이를 말하였고 용수龍樹-나가르
주나는 앞에서 살펴본 바와 같이 그의 중론中論 제일품인 관
인연품觀因緣品의 첫 게송偈頌인 귀경게歸敬偈에서 팔불八不이
론으로 연기를 설명하고 있다.

연기는 인연생기因緣生起의 준말로써 모든 존재자는 직접적
인 원인인 인因과 간접적 원인인 연緣에 따라 생긴다는 것
이다. 모든 존재자는 독립적, 불변적인 것이 아니라 이것
이 있음으로 저것이 있고 이것이 생김으로써 저것이 생긴
다. 즉 상호의존相互依存한다.

모든 존재자는 자신의 고유한 물성物性-물체의 본성에 의해서
가 아니라 상호의존하여 성립하는 것임으로 따라서 연기
는 고유한 물성의 결여缺如 즉 무자성無自性임을 말한다. 그
리고 중관 사상에서는 이를 공空이라고 한다.

무열용왕청문경無熱龍王請問經에서는

> "연(緣)에서 생긴 것은 생기지 않은 것이고
> 그것은 본성으로 생기는 것이 없다.
> 연을 의지한 것을 빈 것(空)이라고 한다."

모든 생명체는 서로 연결고리로써 존재한다. 한 알의 곡식
은 씨앗과 그 씨앗이 싹틀 대지와 그 싹을 키울 물과 바람
과 햇빛地水火風 등에 의존한다. 그 곡식에 의존하여 사람들
이 살아가고 사람에 의해 그 곡식들은 번성한다.

일체의 개념은 대대待對의 관계를 갖는다. 생生이 있기에 죽음이 있고 대大가 있기에 소小가 성립한다. 소는 대의 소인 것이다. 하늘이 있기에 땅이 있다. 이처럼 제법諸法에 대한 일체의 개념에는 필수적으로 그에 대칭되는 개념이 존재한다. 대대待對의 관계는 연기의 한 단면斷面이다.

중론에서는

> "어떤 것을 근거로 어떤 것이 생기는 것이
> 곧 바로 그 자신은 아니다.
> 자신 외에 다른 것도 아니다.
> 따라서 단절된 것도 아니고 항상한 것도 아니다."

출세찬出世讚에서도

> "고통은 스스로 만든 것,
> 다른 것이 만든 것, 둘이 만든 것,
> 원인이 없는 것이라고 외인(外人)들은 주장하지만
> 부처님께서는 의존하여 생긴다고 설(設)하셨다.
> 연기하여 생긴 것을
> 부처님께서는 비었다고 하신다.
> 실사(實事)에는 자재(自在)함이 없다고 설하신 것은
> 비할 데 없는 부처님의 사자후(獅子吼)다."

라고 하여 부처님은 연기緣起의 이치로 발생을 자생自生, 타생他生, 공생共生, 무인생無因生의 네 가지의 극단極端에 따라

고집하는 것을 부정하셨다.

유식학에서는 연기를 인因과 연緣을 의지하여 과果가 생기는 것으로 설명한다. 이렇게 연기를 성립시키는 인과론에 대해서 어떤 이는 인중유과론因中有果論을 주장하거나 인중무과론因中無果論을 주장하기도 하는데 이들은 옳지 않다.

인중유과론처럼 만일 원인 중에 이미 결과가 있다면 그 원인에는 원인으로써의 요소와 결과의 요소가 함께 있어야 하고 있는 것이 되어 이는 이일다성異─多性의 원리 즉 하나의 사물에는 두 가지 요소가 있어서는 안 되기 때문에 성립할 수 없다. 반대로 인중무과론처럼 원인 중에 결과가 없다면 그 결과는 무인無因으로 발생한 것이기에 불합리하다.

이들 중에 전자는 연기에 대한 상견常見이고 후자는 연기에 대한 단견斷見으로 이는 중도가 아니다. 이러한 단순한 인과론이 연기의 의미일 수는 없다.

연기론緣起論은 그런 극단적인 견해二邊를 떠난 중도적인 인과론이다. 이를 단적으로 표현한 것이 중론의 팔불(不生不滅, 不常不斷, 不一不二, 不來不出)로 이것이 연기의 진정한 의미이다.

이변二邊을 부정하는 이 논리를 가능케하는 근본 전제前提는 원인이나 결과가 되는 실체는 독립적 존재가 아니라는 것이다. 즉 연기를 가능하게 하는 근거는 일체 존재가 무자성이기 때문이다. 만일 자성이 있어 독립적으로 존재한다면 서로 만나서 영향을 주어 변화를 주고받는 것은 있을 수 없다.

4장. 무자성과 무아론

중관학파에 있어 무자성無自性이란 개념은 인도전통의 아트만을 부정하기 위해 설립한 반야경般若經에서의 공空을 논리적으로 해명한 것으로 중관파에 있어 가장 중요한 개념이다.

아트만 사상이 주장하는 자성自性은 인간이나 사물의 존재근거인 본성本性으로 그 본성이 있기에 불교의 교리와는 달리 무시無始이래로 존재자가 인연에 의지하지 않고도 성립할 수 있다는 것이다.

이러한 자성은 세속적 존재의 존재방식인 의타기성 즉 자타 간의 상속相續에 의해서가 아니라 남과 무관하게 홀로 스스로 존재한다는 의미임으로 이는 연기의 부정否定이다.

그러나 중관파의 주장에서는 세상의 모든 것은 독립적으로 존재하게 되는 것이 아니라 다만 상호의존이라는 조건에 의해 존재하게 된다. 그리고 조건인연에서 발생하는 것은 발생하는 것이 아니다. 왜냐하면 거기에서는 자성自性이 없기 때문이다.

이처럼 인연에 의존하는 것에는 자성이 없다. 그리고 자성이 없는 것을 공성空性이라고 한다. 이를 여래如來의 자성은 공空하기에 제법도 이와 같다고도 한다.

자성自性은 자체自體 혹은 자상自相이라는 개념과 혼용하고 있는데 자체라고 했을 때는 원인을 의지할 필요가 없이 스스로 존재한다는 의미이고 자상은 명언名言으로 안립安立할 필요가 없이 성립할 수 있는 것을 말한다.

회쟁론에는 '어떤 것이든 제법이 연하여 생기는 것, 그것이 공성空性이다.'라 설해졌다.

그러나 현상세계를 인정하는 보살지菩薩地의 경지에서는 기체基體가 없는 공성空性은 있을 수 없다는 것에 근거하여 비록 의타기성依他起成이기는 하지만 기체의 실재성을 인정한다.

공성은 무존재無存在를 의미하지 않는다. 공성은 고유한 실체의 실성實性, 法性을 의미하고 그 실성법성의 성격이 공空이라는 것이다. 결과적으로 사물의 의존적 발생을 기능케 한다. 사물과 사건은 원인과 조건이 만난 결과로만 생긴다. 그리고 공성은 이러한 인과법칙을 가능케 한다.

화엄학華嚴學에서 말하는 탁사현법託事顯法은 사물존재자에 의탁하여 법성존재을 드러낸다는 의미이다. 하이데거식으로 말하면 '존재存在는 존재자存在者를 통하여 자신을 현시現示

한다.'이다. 그런 의미에서 모든 사물存在者에는 법성存在이 있다.

하이데거는 '나'에는 특수한 독립적 개별자라는 의미의 '나', 즉 자아自我-Ich Selbst와 나 자신 즉 자기라는 존재를 의미하는 자기自己-Selbstsein 이 둘을 구별하고 있다.

자기自己는 존재의 초월적인 현시現示일 뿐 실체로서의 자아自我도 아니고 타인을 배제한 순수한 독립적인 자아도 아니다. 자기성自己性-Selbesheit은 한 인간으로서의 고유성固有性을 말할 뿐이다.

자기성은 존재法性가 자신의 본질을 현현하는 자연성의 현시이기 때문에 나와 너 그리고 우리 모두가 서로 자유롭게 왕래할 수 있는 근원이다. 이때 자기성은 법성法性과 동일한 의미를 갖는다.

그러나 자아성은 법성이 아니다. 자아는 자기를 근거로 하여 자기의식이 만들어 낸 '나'이다. 이를 한 마하무드라 송頌에서 '무명으로 인해 자기인식自己認識을 자아로 믿는……'이라고 한다.

『불교에서 부정하는 자성自性은 자아성自我性이며 자기성自己性을 부정하는 것이 아니다. 무자성無自性은 무자아성無自我性이지 결코 무법성無法性을 의미하는 것이 아니다. 이는 꼭 기억해두어야만 한다.』

수행자修行者는 먼저 끊어야 할 대상을 분명히 알아야 한다. 자성자아성은 끊어야 할 대상이고 이를 이치理致로 알아야 한다. 그것을 알게 되면 세속에서는 모든 존재자는 무상하다諸行無常라고 생각하게 된다.

승의의 이지理智 즉 정리正理는 무자성無自性을 깨닫게 입증하는 이치이다. 여기서 분명히 알아야 할 것은 승의의 정리는 오로지 자성의 유·무를 찾는 것이고 세속의 유·무를 찾는 것이 아니라는 것이다. 이는 중관사상을 이해하기 위해서 바로 알아야 할 것이다.

다시 말하지만 공성무자성은 연기를 의미하며 아예 아무 것도 없어 결과를 일으키는 능력이 없는 무無를 의미하는 것은 아니다. 무자성인 것은 결과를 일으키는 능력을 가지고 따라서 연기하는 유有이지만 그 능력을 가지지 못하는 무무존재는 연기하지 않는다.

4.1. 무아론(無我論)

무자성의 개념을 자아自我에 적용하여 설명한 개념이 무아無我다. 즉 '나일 따름'인 자아라고 하는 것은 언설言說-상식적 관점로 존재하는 것이고 변하지 않고 독립적인 자성으로 성립하는 자아라고 하는 것은 언설로도 존재하지 않는다.

'나일 따름'에서의 '나'는 일상 중에 자아自我라는 의식 없이 행위하는 자者로서의 자기自己를 가리키는 것으로 이는 무자성인 자아이다. 보통 사람들은 '나'라고 말할 때 나를 의식하지 않는다. 그때 '나'는 자기와 자아의 경계선에 서 있다.

무아無我라고 할 때 그것은 자성으로 성립하는 자아가 없다는 의미이지 나일 따름인 '나'를 부정하는 것이 아니다.

중론 제18장 관법품觀法品에서는

> "만일 자아가 오음이라면 자아는 생멸하게 되리라.
> 만일 자아가 오음과 다르다면 이는 (자아) 오음의
> 상(相-인간의 모습)을 띄는 것이 아니리라."
> 若我是五陰 我卽爲生滅 若我是異五陰 則非五陰相
> 고 한다.

이는 힌두교의 아트만Atman이 왜 부정되어야만 하고 어떻게 부정되는가를 보여준 것이다.

그러면 자아와 오음五蘊-色受想行識은 어떤 관계에 있는가 하면 오음이 모여 자아自我가 존재하는 것이지 오음을 떠나서 따로 자아가 존재하는 것은 아니다. 자아는 오음을 의지하여 존재하고 자아와 오음은 일체이지만 그러나 '하나'는 아니다. 비유하면 습기는 물과 일체이지만 '하나'는 아닌 것과 같다.

단지 오음이 화합하기에 가명假名으로 자아라고 말하나 그것은 다만 가명일 뿐이고 확고한 실체는 없다.

오음은 상주불변常住不變하는 것이 아니라 상속相續할 뿐이다. 사물은 존재하는 동안 매 찰나마다 달라진다. 사물의 상주성常住性은 착각이다. 불꽃이나 물살처럼 존재란 흐름이다. 따라서 사물이란 그 이전도 그 이후도 없는 순간일 뿐이다.

이러한 사물·법은 확고한 자성自性이 있는 것이 아니라서 어떤 때는 작용이 있고 어떤 때는 작용이 없다. 비유하자면 계율을 지키는 사람이 포도 주스는 마셔도 되지만 그것을 발효한 포도주葡萄酒는 마셔서는 안 된다. 그러나 포도주가 변질되어 식초가 되면 다시 마셔도 되는 것과 같다. 마찬가지로 인간의 경우 고정되고 확정적인 나쁜 놈과 좋은 놈이 있는 것이 아니라 다만 나쁜 짓을 한 놈과 좋은 일을 한 놈이 있을 뿐이다.

4.2. 아집(我執)과 무명(無明)[9]

아집의 근원은 무명無明이다. 인간의 무명無明은 대상에 대해 올바른 관찰을 하지 않고 명칭을 세우는 장소를 자성自性이라고 고집하는 마음이다.

---

9 용수보살은 육십정리론에서
아집의 무명은 모든 견해의 원인이고 아집의 무명이 없으면 번뇌는 생기지 않는다. 따라서 이것을 바르게 알면 견해와 번뇌를 모두 정화한다.
누군가가 아집을 인식한다면 연기(緣起)하는 것을 보는 것이다. 의지하여 생기는 것은 생기지 않는 것이라고 뛰어난 지자(智者)께서는 말씀하셨다.
이는 연생(緣生)하는 것을 근거로 하여, 실사(實事)가 자성으로 생기지 않는다는 것을 깨달음으로써 번뇌에 물든 견해와 다른 모든 번뇌의 원인이 되는 실사를 인정하는 실집(實執)을 끊는다고 설명한 것이다.

제 4부   중관학파

불교에서 벗어나고자 하는 윤회輪回는 무명을 끊음으로써 가능하다. 왜냐하면 윤회는 생사에 묶이는 것으로 이는 인연을 토대로 한다. 생사는 결과이고 생사는 업에서, 업은 번뇌에서, 번뇌는 아집의 무명에서 생기기 때문이다.

불교의 가장 중요한 가르침은 자아에 집착執着하지 말라는 것이다. '나'라고 생각하는 대상인 '나'가 자성으로 성립하는 것을 고집할 때 자신에 대한 애착이 생기고 이것 때문에 자신의 안락에 대한 애착이 생긴다.

탐욕, 애증愛憎하는 마음은 실재하는 사물實事을 아름답다 또는 아름답지 않다 등으로 분별, 평가하지만 이는 본성本性과는 무관한 다른 것현상으로 증익增益한 것이기 때문에 어리석음과 다르지 않다.

자성自性에 의해 설립된 영원한 내가 있다는 아집我執은 자신에게 고통의 근원일 뿐 아니라 주변 사람들과의 관계에서 문제를 일으켜 다른 사람의 고통을 초래한다. 인간의 삶은 공동존재로서 곧 타인과의 관계에서 벗어나 따로 존재하는 것이 아니다.

아집我執에는 구생俱生-선천적인 것과 변계遍計-학습된 것의 둘이 있다. 구생아집은 보통 사람이 아무런 이유도 없이 마음속에 저절로 실체에 대한 집착이 생긴다. 이와 달리 변계아집은 자아가 실재한다고 주장하는 실재론實在論 같은 삿된 종파宗派의 견해가 옳다고 믿는 것이다.

마하무드라의 한 송頌에는 자아에 대해 다음과 같이 노래하고 있다.

> "본래 있는 것도 아닌데
> 스스로 나타난 대상으로 믿고
> 무명으로 인해
> 자기인식(自己認識)을 자아로 믿는…….
>
> '있음'이 아니니 부처조차 그것을 본적이 없고
> '없음'도 아니니 윤회와 열반의 근거이며…….”

아집의 원인인 유신견有身見이란 '나'가 실제로는 순간적이고 개별적이고 특수한 것임에도 불구하고 이것을 영원하고 보편적이고 자기 동일적이라고 읽어내는 고질적인 경향으로 원초적인 무명無明이다.

그러나 인간이 자성으로 성립한다고 고집하는 것은 인아집人我執이지 유신견은 아니다. 유신견有身見이 되기 위해서는 먼저 '나'를 생각하고 그 몸으로써의 '나'가 자성으로 성립한다고 고집하는 것이다.

입중론에는

> "모든 번뇌의 과실은 유신견을
> 보는 것에서 생긴다고 지자(智者)는 보게 되고
> 자아가 이것의 대상이라는 것을 알고서

유가행자(瑜伽-yoga行者)는 자아를 없앤다."

이 게송偈頌은 대상境이 되는 자아와 고집하는 자아가 다르다는 것을 밝힌다.

세속의 언설常識的로서의 '나일뿐'인 자아는 유신견이 아니다. 그것은 유신견의 대상 즉 몸으로서의 자아일 뿐이고 이는 논파論破되어야 할 것이 아니다. 수행자는 그 몸에 자성이 있어 실체가 있다고 고집하는 자아를 논파하여야 한다.

3구에서 '이것'은 유신견을 가리키고 그 앞의 '자아'는 세속의 언설로서 자아몸이고 유신견의 대상으로서 존재하는 자아이다. 이것을 논파해서는 안 된다. 오직 유신견이 집착하는 실아實我 즉 제4구의 '자아'가 없애야 할 자아이다.

다시 말하지만 '나일 따름'인 자아라고 하는 것은 언설로 존재하는 것이다. 그러나 자성으로 성립하는 몸을 자아라고 하는 그런 자아는 언설세간의 상식로도 존재하지 않는다.

수행자修行者는 자성으로 성립하는 몸이 실제로는 빈, 비었음空性을 깨닫는 것을 수습하여 유신견을 없애야 하고 유신견이 없으면 모든 번뇌를 없앨 수 있다. 공성空性에서는 집착이 성립하지 않는다. 공성을 이해하면 윤회로부터 완전히 해방될 수 있지만 조금이라도 어떤 실체가 있다고 믿는다면 윤회에 대한 집착을 버리는데 방해가 된다.

사물에 대해 증익^{增益}하는-이치에 맞지 않게 생각하는 분별을 없애고 분별이 없으면 유신견을 뿌리로 하는 탐욕, 성냄 등의 다른 번뇌를 없앨 수 있다. 번뇌가 없으면 그것에 의해 발생하는 업^業도 없다. 업이 없으면 업에 의해 어쩔 수 없이 일어나는 윤회가 없기 때문에 해탈을 증득한다.

무명^{無明}에 따른 망상^{妄想}은 존재자를 있는 그대로 사유하는 것이 아니다. 무명^{無明}은 그 존재자를 자아라는 주관의 망상^{妄想}에 고착시켜서 그 망상대로 대상화하고 집착하는 마음의 존재방식을 말한다. 무명과 망상은 하나이다.

윤회에 묶이는 뿌리인 '뒤바뀐 대상'을 없애는 것을 수습^{修習}하지 않으면 그 외에 다른 심오한 것 예를 들면 호흡법, 명점^{明點}, 무상무념^{無想無念} 등을 수습하더라도 결코 아집^{我執}을 없애지 못한다.

무명은 단순한 오류나 과오가 아니라 모든 집착과 편견이 나올 수 있는 마음에 새겨진 사유의 망상^{妄想}을 의미한다. 변계소집성은 망상이 고집을 일으켜 진실인 양 행세하는 것을 말한다.

무명을 없애기 위해 무아^{無我}를 증득^{證得-바른 지혜로서 진리를 깨달아 얻음}하는 정견^{正見-불교 팔정도(八正道)의 하나로 제법의 진상을 바르게 봄}을 추구하는 이유는 아집이 윤회^{輪回}의 근본임을 알아야 하기 때문이다.

제 4부 중관학파

아집으로부터 증익增益한-뱀의 다리나 토끼의 뿔 같은-자아를 수행자는 이치理致로 없애야 한다. 그리고 그 이치를 인식함으로써 해탈과 일체지一切智-여래의 다른 이름로 나가는 것이 도道이다.

또한 사백송에서 대상에서 무아無我를 본다면 삼계三界-천계·지계·인계의 씨앗을 없앤다고 하였는데 이는 대상을 무라고 봄으로써 삼계에서의 번뇌의 근본인 무명을 끊는다는 것이다.

유신견이라는 무명을 끊는 것은 뿌리를 끊는 것이기 때문에 아무런 번뇌도 생기지 않는다.

성여래비밀경에서

> "적혜(寂慧)여! 다음과 같다.
> 예를 들면 나무를 뿌리에서 자르면
> 줄기, 가지, 잎, 끝 모두가 마르게 된다.
> 마찬가지로 유신견(有身見)이 없으면
> 번뇌와 수번뇌 모두가 없어진다."
> 고 말씀하신 것과 같다.

이 경설經說은 유신견이 다른 모든 번뇌의 뿌리임을 설명한 것이다.

5장. 공·공성

불교에서는 일찍이 "인간이 대상으로써의 사물外境이 존재한다고 생각하지만 그것은 극미極微-原子와 극미가 쌓인 것으로 색色-사물을 극미極微로 분석하고 극미도 부분으로 분석한다면 무無인 것이다."라고 하여 현대 물리학의 입자파동설粒子波動設과 유사類似한 결론을 얻은 바 있다.

그러나 불교는 물리적 세계가 아니라 인간과의 관계라는 관점에서의 세계 즉 세상에만 관심이 있었다. 불교에서는 사물과 법을 같은 의미로 쓴다. 불교에서의 사물은 인간 의식과의 연관 즉 마음이 담겨있는 사물 즉 법이다. 만물萬物과 만법萬法은 같은 대상이지만 인간과 무관하게 되면 만물은 단지 자연적 존재로 남는다.

세계의 모든 법法은 스스로 존재하는 자성自性이 없기 때문에 공空하다. 공성空性은 연기적 존재인 몸의 발생을 가능케 하는 기반이고 몸은 공성본성의 발현이다. 따라서 공성은 사물과 사건有에 있어서만 생각할 수 있다. 공은 결코 단순한 무無가 아니며 공성은 법성의 성격이 공空하다는 의미이다.

화엄경의 탁사현법託事顯法은 '법성은 사물을 통의탁하여 자신을 드러낸다.'는 의미이다. 이 말에는 법성은 오로지 사물을 통하여서만 자신을 드러낼 수 있다는 것과 동시에 사물은 법성의 시여施輿를 받아서만 사물이 될 수 있다는 양면성兩面性을 포함하고 있다.

그러므로 법성과 사물의 관계는 불일이불이不一而不二이다. 그리고 불일不一 즉 법성과 사물이 다르다는 관점에서 본 법성 자신의 성격은 (사물을 존재하게 하는) 가능 존재可能存在이다. 즉 아직 현실태現實態가 아니라는 것이다. 그리고 현실적 존재가 아니기에 공, 무이다.

칸트는 무無를 '대상없는 개념으로써 그 본체에 해당하는 개념'이라고 정의定義한다(순수이성비판). 여기서 '대상없는'은 '사물로써 현시現示되지 않은 것'이고, '본체에 해당하는'은 곧 법성法性이다. 따라서 이 정의로부터 법성의 성격이 무·공이라는 이해, 해석이 가능하다. 즉 법성이 공성이라는 것이다.

그러나 이러한 공에 대한 인식론적 해석으로는 불교의 공空사상의 본질에 닿기에 충분치 않다. 연기론이 그러하듯 공 역시 인식론이 아니라 존재론이다.

공은 결코 단순한 무無가 아니며 인식론의 관점에서 단지 자성이 없이 조건적으로 생기生起하고 있는 현상세계의 실상實象을 있는 그대로 표현한 것일 뿐이다. 즉 공즉시색空卽是色 색즉시공色卽是空이라는 것이다.

중관의 공空사상은 우리의 마음을 탈개념화脫槪念化하여 경험적인 것은 물론 선천적인 모든 관념의 짐까지 내려놓게 해주는 일종의 카타르시스Catharsis이다.<불교의 중심철학> 무르띠 그러나 그 카타르시스의 중심에 있는 공空을 이론으로써

만 이해하면 이는 악취공惡臭空의 나락奈落으로 떨어질 위험
이 있다.

붓다는 가섭소문경迦葉所問經에서 공성을 다음과 같이 설명
하고 있다.

> "가섭(Kasyapa)이여,
> 공성을 부정적이라고 (잘못)이해한 사람들
> 이들을 나는 버림받은 사람들이며
> 엎질러진 물과 같은 사람이라고 말한다…….
> 허무주의자의 공견(空見)을 갖느니보다
> 수미산(須彌山)과 같은 엄청난 아견(我見)을
> 즐기는 것이 더 낫느니라. 어째서 그런가?
>
> 가섭이여,
> 공성이란 모든 견해에 대한 해독제이니라.
> 공성 그 자체를 하나의 이론으로 오해하는 사람은
> 구제할 수 없다고 나는 말하느니라.
> 이는 마치 환자를 치료하기 위하여 투여되어
> 그의 모든 질환을 치료하려 하지만
> 그냥 몸속에 남아있어서
> 위장(胃腸)을 해치는 약과 같으니라.
>
> 가섭이여,
> 그대는 환자가 치료되었다고 보느냐?
> 가섭이여, 공성도 이와 같아서

모든 독단적 견해들에 대한 해독제이니라.
그러나 나는 선언하노니
공성 그 자체를 하나의 이론(理論)으로
오해하는 사람은 치료할 수 없느니라."

이는 공空에 대한 수행을 거치지 않은 이론적 이해에 대한 경계警戒이다.

수행자修行者에게 있어 공空은 명상의 주된 초점이다. 공空이란 단순한 이론을 통해 그 끝을 볼 수 있는 것이 아니다 그것을 볼 수 있는 것은 이론이 아니라 실천행實踐行이다. 공空은 비누처럼 우리 마음의 분별적 사고방식을 세척해주지만 그 비눗기 즉 공이라는 생각을 다시 씻어 내야한다. 실천행, 수행만이 그렇게 할 수 있다.

공이란 수행修行에 있어 필수적으로 요구되는 내재內在임과 동시에 그 목표이다.

공은 수행에 의지하지 않으면 결코 공성을 증득證得하는 경지에 이르지 못한다. 그런 올바른 공관空觀의 토대 위에서 수행생활을 할 때 분별심은 정화淨化되어 가고 새로운 인식의 지평이 열린다.

그리고 해오解悟를 거쳐 증오證悟-깨달음을 증득한 경지에 이르면 '아는 것'이 '되는 것'으로 즉 존재가 변한다. '착한 일하여 좋은 사람이 된다' (Do good Be good)는 것이다.

불교에서의 공空의 논리적 특성은 이중부정二重否定의 구조構造에 있다.

즉 제법諸法은 그 자성이 없으므로 유有라고도 하지 못하고 환幻처럼 존재하기에 무라고도 할 수 없다. 유와 무의 양극단二邊을 떠난 것 즉 비유非有·비무非無로서의 중도中道이다. 여기서 분명히 알아야 할 것은 중도라 해서 그것이 유·무 양끝의 가운데 말뚝처럼 박아 놓은 것이 아니라는 것이다.

비유비무, 즉 중도를 파사현정破邪顯正이라고도 표현하는데 파사그른 것을 깨트린다는 실재를 부정적으로 표현하는 비유非有이고 현정바른 것을 드러낸다은 현상을 긍정적으로 표현한 것 즉 비무非無이다. 즉 실재는 부정되지만 현상은 긍정한다.

'이것도 아니고 저것도 아니다.'는 파사이고 '이것이기도 하고 저것이기도 하다.'는 현정으로 이는 다 같이 중도를 가리킨다. 선종禪宗에서는 이를 쌍차쌍조雙遮雙照라고도 한다. 달리 말하면 공의 의미는 진공묘유眞空妙有의 이치라고 할 수 있다.

중론에서는 공에 대해 다음과 같이 그 필연성을 해명하고 있다.

> 문 : 도대체 필경공(畢竟空-만법이 결국에는 공)이 라면 죄나 복을 짓고 그에 대한 업보를 받는 것 따 위는 어떻게 분별하는가?

답 : (그렇게 묻고 주장한다면) 이것은 세속제와 승의제의 구분을 무시하는 것으로 공(空)의 상(相)을 취(取)해 집착하는 과오를 범하는 것이다.

공성은 무존재를 의미하지 않는다. 공성은 고유한 '실체의 실성實性=法性'으로 필연적으로 의존적 발생인 연기를 의미한다. 사물과 사건은 원인과 조건이 만나 이루어진 결과로만 생기며 공성은 그 인과법칙을 가능케 한다.

왜냐하면 만일 어떤 법이 그 자성을 갖는다면 여러 가지 인연을 만나서 존재하지는 못한다. 그러므로 공하지 아니한 법은 존재하지 않는다. 만일 자성이 있어서 공하지 않다면 그 자성을 고수固守하고 있을 테니 생멸은 존재하지 않는다. 생멸이 존재하지 않기에 사성제四聖締도 존재하지 않게 된다. 이는 불교 자체를 부정하는 것이 된다.

이 주장의 전거典據는 중론 제24장 관사제품觀四締品이고 거기에서 자성에 대하여 불공不空-공이 아닌 것에 있어서는 생멸 등의 윤회와 열반이 모두 불가능하다는 것과 자성이 공인 것에 있어서는 그것들은 모두 가능하다는 것을 상세히 확정하였다.

중론 제24장 관사제품觀四締品에는

문 : 공을 설하는 자는 삼보(三寶)를 파괴한다. 법보(法寶)와 승보(僧寶)가 존재하지 않기 때문에 불

보(佛寶)도 역시 없다.

그에 대한 답으로 아래와 같은 게(揭)에서 설명한다.

> "공의 이치(理致)가 있기 때문에 모든 존재가 성립
> 할 수 있다. 만일 공의 이치가 없다면 어떤 존재도
> 성립하지 않는다(14 게). 왜냐하면 만일 모든 존재
> 자들이 자성이 있다고 본다면 그것은 모든 존재들
> 이 인(因)도 없고 연(緣)도 없는 것이라고 보는 것
> 이다. 이와 같이 공의 이치가 있기 때문에 모든 존
> 재(세간과 출세간)가 성립될 수 있다. - 16게
>
> 연기인 것 그것을 우리는 공성(空性)이라고 한다.
> 그것(공성)은 의존된 가명(假名)이며 그것은 실로
> 중도이다. - 18게
>
> 인연으로부터 발생하지 않은 것은 하나도 없다. 그
> 러므로 일체의 존재는 공 아닌 것이 없다. 연기인
> 것 그것을 공성이라고 한다. 그러나 공 역시 또 공
> 하다. 공성(空性)이라 했을 때 그것은 의존된 가명
> 이며 그것은 실로 중도이다. - 19게

중관파에서 공空은 결코 실재實在에 대해 일방적인 부정만
주장하는 것은 아니다. 공은 중도中道로써 실재궁극적 존재에
대한 긍정과 부정 모두를 거부拒否하는 태도態度, 상태일 뿐
이다.

이 태도는 만일 궁극적 존재에 대한 긍정적 서술敍述들이 부인된다면 부정적인 서술들도 똑같이 부인되어야 한다는 것으로 이는 일체의 택일擇一을 강요하는 서술에 대한 거부이다.

공空은 실재實在에 대한 아무 이론도 갖지 않는다. 그렇다고 하여 실재가 없다고 단정하는 것은 아니다. 그것은 오해이다. 반야般若 즉 올바른 지혜의 관점에서 말하는 공은 '실재'에 대한 부정이 아니라 『실재에 대한 개념槪念의 부정이다.』

왜냐하면 개념적 틀은 사고를 통해 실재를 범주範疇 안에 가두어 이를 차별화, 특성화를 통해 정립하기 때문이다. 이러한 사고는 본질적으로 실재實在를 드러낼 수 있는 능력이 없다.

중관파에서 사물이란 궁극적으로는 실재라고 확인되지 않지만勝義締 경험적으로는 실재한다고 본다世俗締. 칸트 역시 '순수이성비판'에서 '물자체는 알 수 없다.'고 하였으나 그 외현外現으로써의 질료에 대해서는 실재성을 적극적으로 인정하고 있다.

그는 실재성實在性은 추론推論이 아니라 시공時空이라는 선험적 감각직관을 통해 즉각적으로 인지認知된다고 한다. 이를 중관파에서는 감관지感官知 그리고 유식학에서는 전오식前五識이라 한다.

공空과 공의 사유思惟는 인간의 논리적 이성에 의한 진리眞理의 장악을 거부하는 신비神秘의 깊이를 암시한다.

6장. 상속, 이일다성(離一多性)의 논증, 그리고 이제(二締)

중관파의 논의에는 연기, 무자성, 공, 무아와 같은 중심개념 외에도 상속, 이일다성의 논증, 그리고 이제二締 등 역시 없어서는 안 될 중요한 개념들이다.

6.1. 상속(相續)의 부정

불교에서 상속相續은 무생기無生起라는 승의의 세계와 현상으로 드러난 세속을 연결시켜주는 개념이다. 상속이란 무상하게 흘러가는 순간순간 달라지는 상태들이 이어지는 것을 통합하여 독립된 하나의 사물, 상태로 인지認知하는 의식작용을 의미한다.

승의 관점에서 보면 무상하게 흘러가는 순간순간 달라지는 상태들 속을 관통하고 있는 자기동일성自己同一性은 부정되어야 한다. 등불이 계속 켜져 있는 경우 그것이 하나의 불꽃인 것처럼 보이지만 실제는 계속 다른 기름을 태우며 새롭게 타오르는 것이다.

이와 같이 중생도 원래는 오온이 무상하게 상속하는 것인데 개체성을 가진 하나의 인간인 것처럼 착각한다. 그런 착각이 상속에 의해 현상으로 이어진다. 상속은 이처럼 무생기無生起라는 승의의 세계와 세속을 연결시켜준다.

대상에 대한 인식은 나눌 수 없는 찰나의 인식과 그것이 지속되는 것이지만 상속에 의해 그것을 현상세계라고 인정한다. 우리가 영화映畵를 볼 때도 같다. 영화는 한 컷 한 컷의 연속이지만 우리는 거기에서 스토리를 읽어낸다.

중론 제21장 관성괴품觀成壞品에서는 상속에 대해 다음과 같이 설명한다.

계속 기름을 태우고 있는 등불, 그 등불의 불꽃은 순간순간 생멸生滅하며 이어 간다. 그러나 소멸한 존재는 다시 생生하지 않을 테니 원인이 단절된 꼴이다. 만일 이렇게 원인이 결과와 단절되어 있으면 어떻게 상속이 존재하겠는가? 그러므로 상속은 전도顚倒된 어리석음으로써 존재하는 것이고 실제로는 존재하지 않는다.

또 다른 예는 씨앗이 싹이 되는 과정에서처럼 사물은 매 찰나마다 다르고 다른 두 찰나에 걸쳐있는 사물은 동일한 사물이 아니다. 다만 상속에 의해 동일한 사물로 오해하고 있을 뿐이다.

그러므로 상속은 의타기성依他起性으로 존재하는 사물에 대한 다만 인간의 주관적인 인식일 뿐이다. 그러나 여기서 잊지 말아야 할 점은 이러한 논리는 승의勝義의 정리正理이며 이는 다만 상속이 세속임을 말할 뿐이다. 의타기성으로 존재하는 사물 그것은 세속이다. 상속은 의타기성으로 존재하는 사물을 (세속의)현상이라고 인식할 수 있는 근거이다.

6.2. 이일다성(離一多性)의 논증인(論證因)

이는 다르마키르티Dharmakirti-法稱가 그의 논리학에서 "실체는 단일성을 가지고 있는가 아니면 다자성多自性을 가지고 있는가?"라는 문제에 대해 "두 가지 이상의 상반된 성질이 부가附加되어 있는 것은 하나가 아니다."라고 한 답에 기초한 것이다. 다르마키르티는 각각의 실체는 단 하나의 성질만을 갖는다고 하여 다자성을 부인하였다.

중관학파는 다르마키르티의 인명학을 기점으로 전기前期와 후기後期로 나누기도 하는데 이는 후기 중관학파에서는 거의 모두가 공성空性을 논증하는데 이일다성의 논증인을 차용하기 때문이다.

'이일다성의 논증인'의 주요한 장점은 단 하나의 논증식에 의해 일체법의 공성空性을 증명하는 것이다.

이 논증식에 따르면 아트만自我이 변화하는 부분五蘊과 변화하지 않는 다른 부분靈魂으로 구성되어 있다고 한다면 이는 하나의 동일 실체에 서로 다른 성질을 가진 두 가지가 함께하는 꼴이 된다. 그러므로 자아는 부정된다.

다음은 불생불멸不生不滅에 대한 이일다성의 논증이다.

사물과 사건은 원인과 조건이 만나 이루어진 결과로만 생기며 공성은 그 인과법칙을 가능케 한다. 그것을 공능空能이라고 한다. 그러나 공성이 공능할 수 있기 위해서는 보조인補助因-조건이 있어야 한다.

보조인이 작용하지 않는 상태로 존재한다면 그 어떤 결과도 초래되지 않을 것이다. 예를 들어 씨앗이 싹을 틔우기 위해서는 토양, 햇빛이나 물 같은 환경조건보조인이 있어야만 한다.

씨앗은 그 자체로써의 성질이고 싹은 보조인들에 대해 반응한 결과 바꾸어진 성질이다. 그러나 만일 씨앗이 보조인에 의해 변형變形된 것이 싹이라면 씨앗은 그 자신의 필수불가결한 부분으로써 싹이라는 변형을 이미 소유하고 있어야 한다. 따라서 이일다성의 원리에 의해 싹의 생기는 부정된다.

이와 같은 논리는 생성과정에서 뿐만 아니라 쇠락과 소멸에 대해서도 똑같은 결론이 주장될 수 있다. 우리는 일반적으로 쇠락과 소멸이 외부의 보조인補助因에 의해 점차적으로 이루어진다고 생각한다. 그러나 만일 사물이 스스로 소멸될 수 없다면 아무리 엄청난 외부의 영향이 있어도 그에 대해 영향을 끼칠 수 없음은 물론 완전한 무無로 환원시킬 수는 더더욱 없다. 따라서 생生과 마찬가지로 멸滅도 없다.

이일다성離一多性의 논증인論證因에 따른 결론은 존재, 생기의 부정이다. 그러나 현실적으로는 아무 것도 스스로 존재하지 않으며 모든 것은 상대적 존재라는 것이다. 바꾸어 말하면 모든 존재는 자성이 없다는 것이다.

상속의 부정이 사물의 연속성에 대한 부정을 통해 자성적 존재를 부정한 것이라면 이일다성의 논증은 두 개의 동시적 존재의 부정을 통해 자성을 부정한다. 전자는 시간, 후자는 공간 개념을 적용한 것이다.

이들에게는 자성을 부정하지 않으면 즉 자성을 인정하면 연기가 불가능하다는 전제가 있다. 이들 목표는 불교의 중심개념인 연기를 논증하는 것이다.

6.3. 이제(二諦)

불교에서는 자연을 현상과 본성으로 구분하고 사물을 지각하는 방식에 따른 현상을 세속世俗, 사물이 존재하는 방식 즉 본성을 승의勝義로 하는 이제二諦-두 가지 진실를 설說한다.

승의제와 세속제의 관계는 하이데거의 '존재와 존재자'의 관계에 해당한다. 불교는 사실주의 관점에서 연기론에 근거하여 세상을 이해한다. 그리고 그 세상을 승의와 세속으로 나눔으로써 그 관계성을 통해 진실을 분명히 인식토록 한다.

나눔은 항상 인식의 기초이다. 불교에서는 '만일 승의와 세속 이제二諦를 있는 그대로 분별하지 못한다면 심오한 불법佛法에서 진실한 뜻을 알지 못한다. 그리고 모든 부처님께서는 이제에 의거하여 중생을 위해 설하신다.'고 한다.

중관파는 두 가지 진리二諦의 이론을 체계적으로 정리함으로써 갖가지 불교경전들과 이론들을 종합 정리하는데 있어 조리條理있게 적용하였다.

중론 제24장 관사제품觀四諦品에서는 이제에 대해

> 1. 모든 부처님께서는 이제(二諦)에 의거하여 중생을 위해 설법하신다. 첫째는 세속제이며 둘째는 승의제이다.
> 諸佛依二諦 爲衆生說 一以世諦 二勝義諦
>
> 2. 만일 사람이 이제를 분별함을 알 수 없다면 심오한 불법에서 진실한 뜻을 알지 못한다.
> 若人不能知 分別於二諦 則於沈佛法 不知眞實義
>
> 3. 만일 속제에 의거하지 않는다면 승의제를 얻을 수 없으며 승의제를 얻지 못하면 열반을 얻을 수 없다.
> 若不依俗諦 不得勝義諦 不得勝義諦 則不得涅槃

이는 이제를 이해하는 순서를 밝힌 것으로 먼저 세속제를 이해해야 하며 그리고 나서 출세간의 가장 높고 깊은 승의제를 이해하여야 열반을 증득할 수 있다는 것이다.

모든 법성을 가진 인식되는 대상所知은 세속제와 승의제를 구분하는 토대土臺로써 그 대상所知의 본질에 세속과 승의의 본성 둘이 있다. 이제二諦는 동일한 대상에 배제排除하는 것이 다른 것으로 따라서 세속이 없으면 승의가 없고 승의가 없으면 세속도 없다.

예를 들면 병瓶에도 세속과 승의 두 가지 상相이 존재한다. 언설言說로 존재하는 것은 세속이고 '자성自性이 빈 것'은 승의다. 이를 '나'를 들어 말하면 자아自我는 세속이고 자기自己는 승의이다.

세속제의 대상은 말나식이 주도하는 일체 세간世間이고 승의제의 대상은 말나식이 전변轉變한 평등성지平等性智, 성자聖者의 선정禪定의 경지, 출세간出世間이다.

세속제世俗諦는 일체 법이 비록 공空하지만 현상적인 차원에서는 서로 연기緣起하여 상대적인 세계가 이루어지므로 세간의 차원에서는 유有를 인정하는 것이 진리라는 것이다. 그러나 승의제勝義諦는 출세간의 차원에서 세상의 모든 존재는 일체가 공空하다는 것을 자각한 올바른 진리를 말하며 따라서 진제眞諦라고도 한다.

6.3.1. 세속제

세속제란 무엇인가? 세속제는 세속의 측면에서 진리인 것을 말한 것으로 관습적 진리이다. 부처님께서는 어리석음無明 때문에 허구虛構인 것이 진실한 것으로 나타나는 것을 세속제라고 말씀하셨다.

일반적으로 사물은 연기緣起하고 있는 것이기 때문에 세속에서는 환영幻影과 같은 것으로 생기生起하지만 승의로서는 자기와 타자, 자타쌍방과 비인非因에서도 생기하는 것은 불합리하다. 그러므로 모든 존재는 그 자성이 공하다.

그러나 세속에서는 세간의 전도망상顚倒妄想으로 인해 환영幻影과 같은 허망한 법法을 생生하는데 세속에서는 그것이 진실이다. 왜냐하면 실의實意로써 무자성인 사물을, 형상에 있어서 그것과는 반대(=유자성)의 것으로 증익增益하는 미란迷亂의 혜慧가 세속의 본질이기 때문이다.

세속적인 것이란 세간의 실의實義에 의존하며 오온五蘊-色受行識은 세간 사람들에게 일반적으로 승인된 것이며 다섯으로 존재한다. 이러한 세속은 승의의 정리에 의해 고찰되지 않는 한 매력적인 생生과 멸滅의 성질을 가진 과果를 낳는 능력을 가진다.

중관장엄론에서는 "고찰考察되지 않는 한 매력적魅力的인 생과 멸의 성질을 가진 그리고 과果를 낳는 능력을 가진 것이 세속적인 것이라 하고 그에 대한 주석註釋에서는 연기하고 있으며 지각知覺되고 의욕意慾되는 제법은 고찰考察을 견디어 내지 못하기 때문에 올바른 세속인 것이다."라 하고 있다.

여기서 고찰이란 승의의 정리正理 예를 들면 다르마키르티의 이일다성의 논증 즉 제법을 '단일성을 가지고 있는가 아니면 다자성을 가지고 있는가?'라고 깊이 생각하고 살핀다는 의미로 연기로 성립하는 사물은 필연적으로 다자성일 수밖에 없기 때문에 부정된다. 본성이 다르면 그것은 다른 사물이다.

따라서 월칭月稱은 그의 입중론에서 세간의 언설의 진실 즉 세속제는 고찰되어서는 안 된다고 하였다.

여기서(중관장엄론) 생과 멸生·滅의 성질이나 과果를 낳는 능력은 의타기성을 의미한다. 올바른 세속은 의타기성에 의해 성립되며 이는 바른 세속이 아닌 변계소집성(밧줄을 뱀으로 착각하는)과 구별된다.

이제분별론에는 세속은 현현顯現하고 있는 그대로의 것이기 때문에 이것에 대해서는 고찰은 일어나지 않는다. 여기서 현현이란 세간극성世間極成 즉 세간 사람들이 일반적으로 승인하는 것을 말한다. 소치는 사람이나 여성 등에 이르기까지의 세간 사람들에 의해서 보이는 채 그대로 세속에 의해서 진실은 확립되지만 그것이 실의實義는 아니다.

그리고 그 실의實義-승의가 어떤 분별적 지해知解에 의해 가리어져 있을 때 그와 같은 분별적 지해를 하는 세간 사람들이 일반적으로 승인하는 것, 그것이 세속이다. 세속제는 그 세속에서 일체의 세간 사람들에게 승인되는 것, 그것 그대로가 진실이라는 의미이다.

제 4부   중관학파

이를 정리해서 말하면 세속은 실상實象을 장애하는 것, 서로 의존하는 것, 세간의 언설 이 셋이라 하겠다.

> 1. 실상을 장애(障碍)하는 것에서 '실상'은 진여(眞如)의 실성(實性)인 법성이다. '입중론(立中論)'에서는 어리석음은 법성(法性)을 장애하기 때문에 세속이라고 하였다.

> 2. 서로 의존하는 것이란 사물은 의타기성으로, 거기에는 자성이 존재하지 않는데 세속에서는 이를 존재한다고 증익하는 것이다.

> 3. 세간의 언설이란 언표(言表) 즉 언어로 표현되는 세간 사람들의 상식적인 인식에 따른 것이다.

세간의 언설이라고 할 때 그것은 언표言表-언어로 표현되는 인식하는 것과 언표되는 것所知-대상으로 구분, 포함되는데 그러나 언표되는 것 모두를 세속제라고 할 수는 없다. 승의의 빈 것 또는 일체의 반야般若도 언표되는 것(대상)이지만 세속제라고 할 수 없기 때문이다.

6.3.2. 승의제(勝義諦)

승의제는 사물의 존재방식을 분석했을 때 도달하는 궁극적 진리를 말한다.

승勝은 가장 수승한 성자의 근본지인 평등지平等智, 의義는

성지聖智의 소행경所行境-올바른 인식의 경계의 의미이고 제諦-진리
는 허망하지 않고 속임이 없는 그 법의 본성을 말한다.

다마르키르티의 논리학에 따르면 인간의 사유思惟의 범위
안에 있지만 그것을 인식할 수 없을 때 그것은 무空이라고
한다. 칸트가 '물자체物自體는 모른다.'고 했을 때의 그 물자
체는 자연사물의 본성本性-法性을 의미하며 칸트가 '모른다.
즉 인식할 수 없다.'고 한 그것을 불교에서는 공空이라고
한 것이다. 그리고 공성은 승의제이다.

중관학파의 승의의 정리正理는 사물을 고찰考察하여 사물에
자성이 있음을 부정한다. 즉 승의제는 진리로서 인·법人·法
에는 자성진실이 없다는 것이다.

세속에서는 제법이 현현顯現하는 방식과 궁극적으로 존재
存在하는 방식이 일치하는 것은 모순되지 않지만 승의에서
는 그러한 일치가 성립되지 않는다.

공칠십론空七十論에서는

> "발생(生), 머뭄(住), 소멸(滅), 있음·없음(有無)
> 하열(下劣)한 것, 동등한 것, 특별한 것을
> 부처님께서는
> 세간의 언설의 측면에서 말씀하신 것이고
> 진실한 측면에서(말씀하신 것은)는 아니다."

즉 존재한다고 한 모든 것현상은 세간의 언설력으로 설정한 것이고 이 모든 법현상은 세간의 언설을 토대로 가립假立한 것이고 승의는 아니다.

정리지正理知는 올바른 앎으로 무생기의 원리 또는 이일다성離一多性의 논증 같은 것을 말한다. 그리고 이 정리지에 의하면 진실로서 성립하는 것은 그것을 탐구하여도 그것을 얻지 못한다.

따라서 승의제에서는 진실眞實로서, 승의勝義로서, 실의實義로서 성립하고 있는 것은 모두 부정대상이다. 이것의 의미는 대상에는 참된 모습으로서 존재하는 것은 없고 만일 그것이 있다면 그것은 인간이 자신의 지해知解에 의해 설정된 것이라는 것이다.

여기서 '승의勝義로서, 실의實義로서 성립하고 있는 것'은 신神에 해당하며 그에 대한 부정은 곧 무신론의 선언이다.

그런데 만일 모든 존재가 불생不生인 것이 승의제라면 세속제는 왜 필요한가?

승의라는 말과 세속이라는 말은 동일한 대상對象에 대해 그 본성과 현상을 구별하여 가리키는 것으로 승의제와 세속제는 그 말의 모순개념矛盾槪念이 배제排除하는 것이 다를 뿐 그 대상은 하나이다. 즉 승의제에서는 세속에서 인정하는 허망虛妄한 법을 부정하고 세속제에서는 승의의 정리正

理에 의한 고찰考察을 하지 않는다. 즉 동일한 대상에 있어 그 의미하는 바 내용이 다를 뿐이다. 그러므로 승의는 세속을 근거로 한다.

다른 논리로 설명하면 중관파에서 사물이란 궁극적으로는 실재라고 확인되지 않지만勝義締 경험적으로는 실재한다고 본다世俗締. 확인되지 않는다는 것이 곧 실재성의 부인은 아니다. 승의가 부정하는 것은 사실 자체가 아니라 그에 대한 개념이다. 사실 사물의 실재성實在性은 개념이 아니라 감관지感官知에 의해 확인된다. 그리고 감관지는 세속이다.

다마르키르티는 이를 공성空性은 공성의 기체인 제법諸法과는 별도로 존재하지 않는다고 한다. 색즉시공色即是空이고 공즉시색이다. 따라서 승의가 성립하려면 세속이 필요하다.

또한 승의제는 언설言說에 의지한다. 언설은 바로 세속인 것이다. 언설은 언어표현만을 의미하는 것이 아니라 그것도 포함한 마음의 활동을 의미한다. 그러므로 세속에 의지하지 않고는 승의제는 말할 수 없다.

그렇다면 반대로 세속제는 왜 궁극적인 진리인 승의제勝義締가 필요한가?

만일 승의제가 세속제의 한계를 설정해주지 않으면 현상現像세계, 세속에 제한되어야 할 인식작용이 무제약적이고 무비판적인 것이 되면서 본성 즉 물자체物自體는 모른다고 한 칸트의 이성理性의 한계가 철폐된다.

제한이 철폐된 이성은 본성과 현상세계를 구분하는 승의제와 세속제의 구별이 없어질 뿐 아니라 세속이 승의를 흡수吸收하여 진실인 양 행세하게 된다. 하이데거식으로 말하면 존재存在가 망각되면서 존재자存在者 자체가 절대적 지위에 서게 된다.

이때 자성이 공空한 사물을 자립적이고 고유한有自性 대상으로 즉 변하지 않는 확고한 존재로 인정하게 되고 거기에서 분별심에 따른 매력魅力과 반감反感이 일어나면서 아집我執을 일으킨다.

승의제를 잃으면 세속제만 남아 근대 서양철학에서처럼 자아의 비대肥大한 사량식思量識을 초래한다. 승의제를 잃으면 진리를 잃게 되고 우리의 마음을 잃게 된다. 그리고 이것이 현대문명의 중심에 선 이성 만능주의의 모습이다.

5부

이변중관설

이변중관설(離邊中觀說)

나가르주나에서 총카파에 이르는 중관사상의 역사라는 것은 이 두 사람을 제외한다면 완전히 이변중관설 자체의 역사라 할 만큼 중관사상中觀思想의 주류를 이루고 있다.<티베트 불교철학> 마츠모토 시로

이는 용수의 본지本旨에서 벗어난 중관사상으로 총카파는 이변중관설을 강하게 비판하였다. 달리 말하면 총카파에 의해 용수의 본지가 바로 잡혔다는 의미로도 해석된다.

1장. 이변중관설의 논지(論旨)

총카파와 동시대에 활동했던 승려인 소남 셍게는 티베트에서의 중관사상을 상변常邊중관설, 단변斷邊중관설 그리고 이변離邊중관설 셋으로 분류하고 있다.

처음으로 집착의 대상인 진실眞實로서 성립하는 것常邊을 부정하지 않으면 공성空性을 세울 수 없기에 이일다성離一多性 등의 정리正理에 의해 내외의 사물은 진실로 존재하지 않는다고 확정해야만 한다.

그러나 다음으로 이렇게 진실을 부정하고 나서 (다른)진실 즉 공성에 관해서 집착한다면, 이는 예를 들어 말에 탄 사람이 오른쪽으로 떨어지지 않더라도 왼쪽으로 떨어지는 것처럼 단변斷邊에 빠지는 것을 피할 수 없기 때문에 공성에 대한 집착도 부정해야만 한다.

그러나 이 둘상변과 단변에 대한 집착이 없는 것을 '중中의 견해를 깨닫는다.'라고 임시로 이름하지만 '중中의 견해는 이것이다.'라고 한다면 그것 역시 올바른 것이 아니다.

왜냐하면 이 둘의 변집邊執을 버린 것을 다시 '중의 견해는 이것이다.'라고 주장한다면 이는 또 다른 집착이고 변邊이 된다. 결국 이변중관설은 무엇인가를 주장하는 말言語을 떠나야 한다는 이희론離戱論이다.

이변중관설을 말하는 사람들은 세속제는 고찰考察하지 않은 세간에 구생俱生의 무명無明과 관련하며 승의제는 조금 고찰한 정리지正理知와 관계하며 이희론離戱論은 잘 고찰한 이언離言과 관계한다. 이 3개를 바르게 아는 것이 대중관大中觀이라고 한다.

왜냐하면 이 3개에 기초하여 순차적으로 세속제는 복덕福德이 아닌 것(올바른 행위가 아닌 것)을 지멸止滅시키고 -이는 세간의 삶에서의 올바른 행위業가 복덕을 가져온다는 이해에 따른 것이다- 승의제는 법·인 두 가지 아견我見을 지멸시키고 이희론은 견해의 희론을 전부 지멸시키기 때문이다.

여기까지가 이변중관설의 요지이다.

이변중관설의 중심에 있는 이희론의 논리적 근거는 두 가지 승의 즉 정리에 의해 고찰되는 '수순隨順의 승의'와 희론을 떠난 성자聖者의 입정지入定知인 '진실의 승의'를 서로 다른 둘로 구분하는데 있다.

성자聖者는 선정禪定 중에 마음을 하나에 집중하여一心轉注 빈 것空을 현증現證하지만 그 빈 것空을 현증한 것을 그대로는 안립安立하지 못하고 다만 면언名言의 인식(언어의 형식으로 인식된 것)으로 안립하게 된다. 그러나 그 둘은 같은 것이 아니다. 이것이 두 가지 승의의 요지要旨이다.

두 가지 승의의 예例는 부처님의 자수용적自受容的인 법열法悅-참된 이치를 깨달았을 때 느끼는 희열과 타수용적他受容的 진여의 현시顯示를 구분하는데서 볼 수 있다.

자수용적인 법열을 여거如去라고 하는데 이는 가지적可知的인 언어의 차원을 떠난 신비의 차원 즉 이언진여離言眞如이고 중생들을 위해 진리를 현시하러 오신 여래如來의 타수용적인 진여의 현시顯示는 언어에 의거해 표현되는 진리의 현상이므로 의언진여依言眞如라고 한다.

승의제라고 언급할 때 그것은 이미 승의제가 아니다. 왜냐하면 승의제라고 언급할 때 의식에서 대상과 대상을 인식하는 것 둘이 각각 현현하기 때문이다. 이런 둘로 나뉘는 사유방식에서는 승의제는 볼 수 없다. 실상실재의 본 모습은 분별이 없는 것이다.

이는 마치 도덕경에 도라고 말하는 도는 상도가 아니다道可道 非常道라고 한 것과 같은 의미이다. 상도는 상황에 따라 변하지 않는 본성에 관한 도道 즉 승의제이고 비상도는 도는 도이지만 변화하는 현상세계에 적용되는 도 즉, 세속제라고 할 수 있다.

이런 관점에서 보면 올바른 인식에는 둘이 있다. 하나는 성자의 삼매三昧의 무분별지 그리고 다른 하나는 인因을 근거로 실상을 파악하는 올바른 인식이다. 즉 분별이 없는 인식과 분별이 있는 인식 둘이다.

선정禪定에 들어 무루혜無漏慧로 빈 것을 볼 때 인식대상과 인식주체의 대립적인 상황은 이미 사라졌고 따라서 그것을 일미一昧라고 한다.

그러나 올바른 분별있는 인식에서는 승의에 대해서 설명할 것이 많기 때문에 그 경우 이를 수순隨順의 승의 또는 상응相應하는 승의라고 한다. 그리고 이 상응하는 승의는 진실의 승의에 접근 가능한 방편으로 이에 대한 지해知解를 돕는다.

결과적으로 승의는 정리에 의해 고찰되는 수순隨順의 승의와 희론을 떠난 성자聖者의 입정지入定知인 진실의 승의로 구분할 수 있다.

수순隨順의 승의는 부정되어야 할 진실에 대한 집착이라는 측면에서 보면 그것을 가지지 않은 점에서 승의의 진실이다. 왜냐하면 정리에 의해 인법人法에는 진실한 것이 없다는 것이 설정되기 때문이다.

그러나 이러한 정리지는 실로 언어로 안립된 것을 파악하고 있는 것이기 때문에 일체의 희론이나 분별을 떠난 것은 아니다. 즉 정리지正理知에 따른 고찰은 인식대상인 법성法性과 인식하는 것인 혜慧의 둘이 있어 분별을 떠난 것이 아니다.

따라서 일체의 희론이나 분별을 떠난 성자聖者의 입정지入定知로부터 보면 수순隨順의 승의에서는 공성空性이라고 하는 언어, 희론戲論이나 분별을 끊고 있지 않다.

1.1. 인식의 방법

앞서 말한 바와 같이 올바른 인식에는 둘이 있다. 성자聖者의 삼매무분별지三昧無分別智 같은 분별이 없는 것과 인因을 근거로 실상을 파악하는 올바른 인식인 분별이 있는 것 둘이다.

부처님이 한없이 깊은 지혜로 승의제를 증득證得하신다고 하였을 때 이는 삼매무분별지三昧無分別智로 그것은 '보시지 않는 방식으로 보신다.'는 것을 의미한다. 이는 불지(佛地-십지론(十地論) 중에서 부처님의 경지)에서는 심心과 심소

않은 채 말이다…… 당신이 그러한 경험을 해 본적
이 있었다면 당신은 당신의 정신을 경외와 경탄으
로 사로잡는 어떤 신비의 현존을 느꼈을 것이다."

약론석(略論釋)에도

"승의의 이지(理智)로 결택한 것으로는 파랑(靑色)
을 보지 못한다. 성자의 평등지는 무분별지(無分
別智)이기 때문에 파랑을 보지 못한다. 파랑은 분
별을 전제한 비량(比量-인식·추론)에 의해 인식되
는 것이기 때문이다."라고 한다.

비량比量의 경우에는 마음에 대상과 인식주체 둘이 현현하
는데 그러나 성자가 선정禪定에서는 이 두 가지 상相이 나
타나지 않는다. 이를 모든 희론戱論을 떠났다고 한다.

진실의 승의는 실사實事의 유·무 등 희론의 모든 그물을 버
린 것으로 이제론자석二諦論自釋에

"따라서 그것은 빈 것이 아니고, 비지 않은 것이 아
니고 있는 것과 없는 것이 아니다. 생기지 않은 것
이 아니고 생기는 것이 아니라고 하는 것 등을 세
존께서 말씀하셨다.

그것은 무엇 때문인가? 그것은 희론이 없는 것이
다. 그것만이 모든 분별의 그물을 벗어난 것이다."

라고 하여 분별의 그물을 희론의 그물이라고 설명하였다. 희론을 떠난 성자聖者의 입정지入定知인 진실의 승의는 붓다와 가섭 사이에 오간 염화미소拈華微笑 즉 이심전심以心傳心으로만 그 전수傳受가 가능하다.

1.2. 이변중관설(離邊中觀說)에 대한 반론(反論)

이변중관설에서는 공성空性을 존재론이 아니라 인식론적으로 이해하고 있다.

그들의 가장 중요한 인식론적 관점은 정리正理에 의해 공성 또는 무생기가 설정되는 단계와 직관直觀에 의해 공성을 깨닫는, 즉 이희론離戲論이라고 설해지는 단계를 명확하게 구별하는 것이다.

그러나 중론 제22장 관여래품觀如來品에는

> "모든 존재가 공하다고 말해서는 안 된다. 모든 존재가 공하지 않다고 말해서도 안 된다. 모든 존재가 공하기도 하고 공하지 않기도 하다라고 해도 안 된다. 또 공하지도 않고 공하지 않지도 않는다고 해도 안 된다. 그럼에도 불구하고 왜 말했는가 하면 이는 단지 가명(假名)으로 오직 교훈을 위해 말한 것이다.
>
> 정적(靜寂)의 경지, 거기에 어떻게 상주(常住)나 무상(無常) 따위의 네 가지가 있겠는가? 또 유변

이나 상변 따위의 네 가지가 있겠는가?"라고 한
바 있다.

월칭月稱-찬드라키르티 역시 공성空性은 희론이 사라지고 분별
을 초월한 진여眞如라고 하였다. 즉 승의제를 무자성, 공이
라고 하였을 때 그것은 이미 이희론을 말한 것이다.

따라서 이변중관설에서 정리에 의해 고찰되는 '수순隨順의
승의'와 희론을 떠난 성자聖者의 입정지入定知인 '진실의 승
의'로 구분, 분별하는 것은 의미가 없다. 승의·공空은 '공'일
뿐 어떤 분별도 허용될 수 없다.

이변중관설의 문제는 용수가 공성에 대해 분명하게 '공하
지도 않고 공하지 않지도 않는다고 말해도 안 된다.'고 했
음에도 불구하고 수순의 승의와 진실의 승의가 구별된다
고 말하는 데에, 즉 그렇게 주장하는 데에 있다.

승의·공을 언어, 인식론을 기준으로 수순과 실의로 나누는
것은 반야·공에 대한 오해이다.

상식적인 수준에서 보면 공空이라는 말 자체는 부정否定 내
지는 공허空虛, 모른다不知 정도의 이미지로써 남겨져 있다.
그러나 공·무는 인도와 중국철학에서만 볼 수 있는 이성理
性에 있어 가장 심오深奧한 최고의 경지로 동양과 서양의 사
유思惟의 차이를 가르는 결정적인 요소이다.

칸트는 그의 순수이성비판에서 이성理性 영역의 한계(경계)를 그림으로써 '물자체物性=法性는 모른다.'라고 할 수 있었으나 공空에는 이르지 못하였다. 그리스 철학사에서 수학의 신이라 할 만한 피타고라스와 유크리드 조차도 영零의 개념을 찾아내지 못하였다.[10]

공의 논리는 인간의 이성이 추구할 수 있는 모든 사변思辨 영역의 극한極限에 위치하고 있다. 이러한 공은 모든 대립과 모순을 해소시킨다.

공空은 이론이 아니다. 공은 오랜 수행에 의해서만 증득되는 모든 가능성을 안고 있는 순수한 상태 자체이다. 공이란 수행이라는 수단에 내재內在함과 동시에 그 목표로 그것은 중도이다. 중도가 양 극단 가운데 말뚝처럼 존재하는

---

10 수학의 영(零-0)은 인도 논리학에서의 공(空)·무(無)라는 개념이 수학에 도입된 것으로 인도의 승려이며 수학자인 브라마굽타(598-665)에 의해 처음으로 제시되었다. 당시는 불교의 중관파 나가르주나(용수-龍樹)의 영향으로 인도의 논리학에 공사상이 널리 확장, 번창하던 시기였다. 인도 논리학에서는 공은 단순한 부정이 아니라 우주자연을 해석하는 유용한 개념으로 인정되었다.

그리고 이슬람에 의한 인도 침략 내지 지배와 함께 인도의 수학이 아랍 이슬람 문명으로 전파되면서 지금 우리가 아라비아 숫자라고 오해하고 있는, 인도 수학의 숫자 표기인 1, 2, 3…… 와 함께 영(0)이라는 개념이 아라비아 수학에 접수되었다. 기독교 문명권인 유럽에서 수학에 수용된 것은 그로부터 8세기 후 그러니까 르네쌍스를 거친 15세기 이후였다.

I, V, X 등으로 표기되는 서양 종래의 로마 숫자에서는 예를 들면 20507을 표기 할 경우, 우리가 그 숫자를 읽고 있는 것처럼 '2만 5백 7'로 표기하였는데 이는 실재 '있음'만을 표기한 것이다, 그들은 0천, 0십이라는 개념 즉 공·무를 이해하지 못하였다.

제 5부   이변중관설

것이 아니듯 그것은 이미 언어를 넘어서 있다.

수학에서 영零은 음수와 양수가 만나는 점으로 그것은 음수도 양수도 아니고 또 그것들의 부정도 아닌 즉 중도中道이다. 반야, 공 또한 사유의 극치極致로서 언어를 갖는 사유와 언어를 초월한 직관直觀이 만나는 점點이다. 그리고 점은 위치하나 존재하지 않는다. 반야, 공은 언어의 긍정도 부정도 아니다.

승의, 공을 인식론적으로 해석하여 수순과 실의로 나누는 것은 반야, 공에 대한 오해이다. 공은 사유할 수는 있으나 인식의 대상은 아니다.

수순의 승의와 진실의 승의의 관계는 곧 논리적 이성理性과 직관直觀의 관계이다. 논리적 인식은 언어를 통해 또 언어에 의하여만 가능한 반면에 직관은 언어를 필요로 하지 않는다.

그렇다고 하여 무분별적인 직관이 이성과 무관한 것이 아니다. 직관 역시 인간의 이성의 범주를 떠나있는 것은 아니다. 베르그송은 직관을 '몸을 통과하는 이성'이라 하였다.

불교에서 세상(존재)을 바라보는 중요한 관점은 연기설에 근거한 불일이불이不一而不二 관계이다. 두 개의 항項이 연계되어 있기에 동일하고 반대로 연결되는 것이 둘이기 때문에 양자는 구분된다. 서로 확연히 다르거나 동일同一한 실체

사이에는 관계란 얻어질 수 없다.

공空의 논리에 있어 말과 뜻은 불일이불이의 관계에 있으며 그 둘 사이에 있는 간극間隙을 메우는 것은 수행修行이다.

가섭문품迦葉問品에서

> "가섭이여! 예를 들면 두 나무가 바람에 의해 마찰될 때 불이 생긴다. 불이 생겨 두 나무를 태우는 것처럼 가섭이여! 바르게 관찰하여 성자의 혜근(慧根)이 생긴다. 성자의 혜근(慧根-진리를 깨닫게 하는 힘)이 생겨 바르게 관찰하는 것을 태운다."고 하셨다.

이는 올바른 관찰행으로부터 혜근(무분별인 직관)을 일으킨다는 의미로 상응하는 승의와 실제의 승의는 격절隔絶되어 있는 것이 아니라는 둘의 관계를 보여주셨다. 바르게 관찰하는 것 즉 논리적 사유는 직관과 격절된 것이 아니라 수행에 의해 논리적 사유가 직관에 이른다는 것이다. 이것이 중과파의 목표인 '논리에 의한 논리로부터의 해탈'의 의미이다.

이성의 관점에서 말하면 반야·직관 역시 인간의 이성의 범주를 떠나있는 것은 아니다. 무無가 무의 기체基體없이는 존재하지 않듯 직관 역시 이성의 논리적 사유없이는 성립할 수 없다. 침묵沈默은 언설이 있기에 침묵일 수 있다.

중도로서의 공空은 불교에서는 사유의 근본이다. 불교에서 부정하는 것은 이성理性에서의 분별작용이지 이성을 통째로 부정하는 것이 아니다. 오히려 그 반대이다. 불교가 추구하는 근본은 무명無明을 타파한 지혜의 세계이다.

우주세계의 실상實象은 연기緣起라는 올바른 법리 자체로 공성空性이다. 반야般若로서의 공성이란 경험성을 떠나 있기에 어떤 의미에서는 현상을 초월한다고 볼 수 있지만 생생生生한 의미에서는 실재로서의 현상성에 내재하거나 현상성現象性 그 자체와 동일하다.

분별치연론分別熾燃論에서 무분별지無分別智와 상응하는 지혜 두 가지를 설명하고 중관광멸론中觀光明論에서도 승의를 두 가지로 설명하지만 그 밀의密意는 하나라고 분명히 말하고 있다. 즉 승의는 하나이고 이변중관설은 그 하나의 승의에 대한 인식과정의 다름을 두고 가른 것이다.

이변중관설離邊中觀說의 근거는 중론 제18장 관법품觀法品 9 게송 등에 나타난 '실의實義-tattva'라는 단어의 의미를 승의와는 명확하게 구별되는 승의 이상의 고도의 실재實在 즉 무분별지無分別智의 대상으로 오해誤解한 것에 있다.

이러한 오해에서 공성空性을 현상적 제법으로부터 격절隔絕한 다른 법성의 세계(무분별지無分別智의 대상)로 세우는 것은 신적神的인 존재를 인정하는 실재론으로 이는 중관의 취지에 어긋난다. 법성이 곧 공성이고 공성이 곧 법성이다. 즉, 색즉시공 공즉시색이다

현실적으로도 수순의 승의와 진실의 승의를 구분하는 이변중관설을 주장하는 대부분의 학자들은 공성에 대한 사유思惟를 직관으로부터 완전히 분리, 격절隔絶시킴으로써 경험성을 떠나 있는 어떤 것 즉 불가설不可說의 실체를 인정하는 여래장如來藏 사상[11]의 길을 걸었다.<티베트 불교철학> 마츠모토 시로

나가르주나 이후부터 총카파에 이르는 이변중관설을 주장하는 학승學僧들은 실재론자와 다름없다. 이들은 유有라고도 할 수 없고 무無라고도 말할 수없는 불가설不可說의 실재實在를 긍정하기 때문이다.

한국불교에서도 일반적으로 수용되고 있는 불가설의 실재로서의 여래장을 긍정하는 것은 불교 본래의 공空사상의 취지는 아니다. 불교가 브라만교의 실재설에 반대하며 등장한 것임에도 불구하고 여래장 사상은 또 다른 실재설이다.

인도에서 불교가 여래장 사상을 근거로 해서 발전한 밀교화密敎化되면서 실재론적인 힌두교에 흡수되어 그 명맥을

---

11 여래장은 중생은 깨달음의 씨앗을 함장(含藏)하고 있다는 뜻이다. 그런데 여래장 사상에서는 이 씨앗을 실체로서 이해하고 있다.

다한 것은 기억해야 할 사실이다. 여기서 아이러니는 여래장 사상이 공사상이 있어 가능했다는 것이다

이변중관설은 공집空執을 부정하는 데는 의의意義가 있다. 그러나 나가르주나의 중론의 취지趣旨는 '공은 희론을 떠난 것이다 혹은 아니다.'라는 분별, 그런 분별을 부정하는 데 있다. 중론에서는 공·중도가 가설假說임을 누차 강조하고 있다.

용수龍樹 논사論師는 "세속제는 방편이 되고 승의제는 방편(의 내용)을 가진 것이 된다."고 하였다. 이때 '방편'은 진실한 법리에 끌어넣기 위해 가설한 언설言說이고 '방편을 가진 것'은 법리를 가리키는 말로써 이는 승의제는 언설이 끌어드리고자 한 법리 자체라는 의미이다.

이 방편(언설)과 방편을 가진 것을 혼동하여 희론戲論이라는 그물을 씌워 수순의 승의라고 한 것이다.

용수는 "해탈解脫이란 업業-행위과 번뇌를 지멸止滅시키는 것이다. 그것들은 분별에서 일어나고 이것(분별)은 희론戲論에서 일어난다. 희론은 공성空性을 앎으로서 사라진다."고 하였다. 이처럼 공성은 이미 희론을 넘어선 것이다.

공성은 단순히 이론적 의식의 소산所産만이 아니라 이는 실천적이고 종교적인 소산이기도 하다. 이희론은 공성을 이론적 의식의 소산 즉 인식론의 관점에서 이해한 것이다.

공성은 이론에 근거한 수행修行의 소산이다.

이변중관론에서 승의를 상응하는(수순의) 승의와 진실(실제)의 승의 둘로 분별하는 것은 또 다른 희론戱論이다. 희론을 떠난 진실의 승의 역시 언어로 말하고 있다. 따라서 새삼스레 이언離言을 말하는 것은 공空의 무한소급無限遡及 곧 공의 공회전空回轉일 뿐이다.

이변중관론의 부당성不當性은 논리학의 관점에서도 분명하게 드러난다.

이변중관설에서 수순의 승의와 진실의 승의를 구별하는 형식논리의 근거는 4구부정四句否定의 제3구와 제4구의 관계와 같다.

> 4구부정의 구조는
> 1. 있는 것도 아니고
> 2. 없는 것도 아니며
> 3. 있기도 하고 없기도 한 것도 아니고
> 4. 있지도 않고 없지도 않은 것도 아니다
> 라고 하여 4구 모두 부정으로 짜여 있다.[12]

---

12   사구부정이라는 논증식(論證式)은 근본불교에서부터 있어온 자(自), 타(他), 자타쌍방 그리고 비인(非因)의 네 가지 경우의 부정(否定)의 변형으로 볼 수 있다.

제3구 즉 '있기도 하고 없기도 한 것도 아니다.'는 중도^{中道}를 끌어내는 논리로 이 논리는 용수의 중론에 일관하고 있다.

제3구는 있음(이다)과 없음(아니다) 양자에 대한 부정^{否定}으로 거기에는 아직 '있음'과 '없음'이라는 부정대상이 존재한다. 그럼으로 언어의 대상이 된다. 수순의 승의가 그러하다.

그리고 제4구는 제3구가 희론^{戱論}이라 하여 이를 부정하는 것으로 거기에는 부정대상도 없고 그것을 분별·인식하는 언어행위도 존재할 수 없다. 진실의 승의가 이에 해당한다.

그러나 제4구는, 제3구에서 이미 범^犯한 배중율^{排中律}의 무시 내지 초월을 다시 범하는 것으로 이는 논리로 무엇을 결정하는 것이 아니라 회의^{懷疑} 즉 의심하고 단념하는 태도^{態度}이다.

배중율이란 어떤 명제^{命題}도 참이거나 거짓일 뿐 그 중간은 없다는 것으로 무도 아니고 유도 아니라는 '중도^{中道}' 역시 이미 배중율을 무시 내지 넘어서 있다. 그러한 배중율을 하나의 상황에 대해 반복적으로 적용시키는 것은 이미 논리 즉 사물의 이치를 해명하기를 포기한 것이나 다름없다.

사실 '중도'와 같은 제3구에서의 부정은 그 부정에 반대되

는 긍정 가능성에 대한 충분한 고려考慮가 있은 다음 중관
학파로는 논리적 사유가 그 극한에 이르러 논리로부터 해
방된 직관慧眼에 따른 부정이다. 따라서 제4구는 그것 자체
가 오히려 희론戱論이라고 할 수 있다.

총카파는 이러한 배중율을 무한無限 사용하려는 비논리적
태도를 '이는 미친 짓'이라고까지 강력하게 비난한다. 사
실 '말을 떠난 것' 그것조차도 하나의 주장일 수밖에 없다.
종교는 초월을 지향하지만 종교가 서있는 자리는 현실, 언
어의 세계이다.

불교의 근본인 연기緣起·무자성無自性·공空을 단순한 이론이
고 분별에 지나지 않는다고 한다면 그것은 불교 자체를 부
정하는 것이다.

한편 이변중관설의 불가설不可說을 반대하는 관점에 서있
는 총카파 같은 학승學僧들에게 보다 직접적인 문제는 그
이희론離戱論이 '중관에서는 주장이 있어서는 안 되고 또
있을 수도 없다.'는 주장으로 나타난다는 것이다. 그리고
그는 이점에 대해 강하게 반발하였다.

중관파에 주장이 있는가 없는가를 고찰하는 문제라면 먼
저 '중관'이라고 말해지는 어떤 근거를 구비하고 있는가가
우선적으로 살펴져야만 할 것이다. 왜냐하면 종교나 철학
에 있어 그 앞에 하나의 이름을 가지게 되려면 당연히 그
들만의 교리와 그 해석을 내세워야 하기 때문이다.

따라서 중관파라고 불리려면 중관파로서의 그 무엇을 주장하지 않으면 안 된다. 그리고 총카파는 중관파는 '승의로서는 미진微塵만큼도 성립하지 않으며 언설(세간)에 있어서는 일체는 환영幻影과 같은 연기이다.'라고 주장한다.

아트만을 부정하는 혁명적 무아無我사상을 근간으로 하는 불교가 인도에서는 정치·사회적인 이유에서라도 오래 버티기는 힘들었다. 인도에서는 불교가 브라흐만과 유사한 여래장如來藏 사상을 근거로 밀교화密敎化하며 힌두교에 흡수되었다.

불교가 인도에서 그 명맥을 다함에 따라 이제 중관학파의 불교는 인명학因明學-論理學을 비롯해 거의 완전한 형태로 티베트에 전수·보존되고 있다.

티베트 불교와 중국 불교

티베트 불교와 중국 불교

1장. 티베트 불교

티베트는 인도와 중국이라는 거대한 두 국가 간의 경계를 형성하고 있는 히말라야산맥(Himalaya-산스크리트어로 hime는 '눈' alaya는 '쌓인다') 위에 두 나라에 의해 포위된 듯 자리하고 있다.

중국과 인도는 단순히 거대한 국가들일 뿐만이 아니라 철학사상에 있어서 서양문명과는 대비되는 동양성東洋性을 공유하면서도 각기의 고유한 사유방식으로 서로 다른 문화권文化圈을 형성하고 있다.

티베트는 정치·문화적으로 양국의 지대한 영향을 받고 있었고 불교를 도입하는 과정에서 인도의 중관사상과 중국의 선종禪宗 중 하나를 선택해야만 했고 또 할 능력과 자유가 있었다. 그 선택과정은 외부의 강압에 의해서가 아니라 '법 겨루기'라고 하는 쟁론爭論의 과정을 거쳤고 그 결과는 티베트 국왕에 의해 선정選定되었다.

불교가 티베트에 들어 온 것은 640년 송첸감포 왕의 두 왕비인 중국의 문성文成공주와 네팔의 공주인 키리 티춘에 의해서였다. 그리고 티베트에서의 백년 가까운 불교를 박해迫害하는 시기가 지난 후에 불교의 열렬한 옹호자인 티송테첸 왕은 인도불교의 대학장大學匠인 샨타라크쉬타 Santaraksita를 761년 그리고 771년 2차례에 걸쳐 초청하였다. 그는 십선十善, 십팔계十八界, 십이지연기十二支緣起 등 불교의 기본적 교의를 설했다.

그는 1차 초청 때 4개월 만에 네팔로 돌아가야만 했는데 이는 티베트의 민족종교인 뵌교('뵈'는 티베트어로 '티베트'이다) 신자들이 당시에 일어난 천재天災나 역병疫病의 원인이 불교에 있다고 주장했기 때문이었다.

그런 경험에 따라 그는 티베트에서 뵌교에 맞서 불교를 정착시키기 위해서 밀교 수행자이며 주술사呪術師인 파드마삼바바Padmasambhava를 초청토록 왕에게 진언했고 그는 773년 티베트에 들어와 주술로 뵌교도를 압도했다.

775년부터 12년에 걸쳐 왕명에 의해 삼예 대승원大僧院이 건설되었으며 샨타라크쉬타가 이것을 지도하였고 파드마삼바바가 보좌하였다. 파드마삼바바는 티베트 최초의 종단宗團인 닝마파('닝마'는 티베트어로 '오래된'이다)의 창시자가 되었다.

샨타라크쉬타는 인도와 중국 양국의 불교가 충돌할 것을 예견하였고 그때가 되면 자신의 제자인 카마라쉴라 Kamalasila를 티베트로 초청하여 중국 불교에 맞서도록 당부

하였다.

티베트 불교의 향방을 결정하게 된 중요한 양국 불교의 논쟁인 '삼예의 종론宗論'에서 중국 화상和尙 마하연摩訶衍에 맞서 논사論師로 나선 인도 학승學僧이 바로 카마라쉴라이었다.

중국 선종禪宗의 불사不思, 부작의不作意, 부작행不作行이라는 가르침은 대승불교의 기본인 육바라밀의 행行-普施, 利他行과 계戒를 부정하는 것으로 이는 공성과 무아에 대한 깨달음에 앞서 육바라밀에 대한 선결택先抉擇을 중시하는 견행見行과는 어긋난 것이다.

결국 이 논쟁은 돈오頓悟를 주장하는 중국의 선종과 점수漸修를 따르는 인도불교와의 충돌이었다.

당시 티베트의 티쏭데쩬 국왕이 주도한 이 논쟁은 794년부터 3년간 티베트의 삼예사寺에서 중국 화상 마하연과 인도의 학승 까말라씰라 사이에 있었던 것으로 선종禪宗과 인도 중관과 간의 일종의 법 겨루기였다.

마하연의 주장은 불사不思·부작의不作意·부작행不作行을 통해 즉 참선參禪을 통해 깨달음에 이를 수 있다는 것인 반면 까말라씰라는 공성空性과 무아無我에 대한 선결택先決擇이 우선되어야 한다는 것이다.

까말라씰라의 요지要旨는

"일체를 전혀 사유하지 말라는 것은 여실(如實)히
분별하는 반야를 버리는 것이다. 제법의 본성인 그
무분별의 법계(法界)는 여실히 관찰하는 반야로써
마땅히 깨닫는 것이다. 그것을 버림은 출세간의 지
혜도 역시 버리는 것이다.

그러한 지혜없이 수행자(修行者)가 어떠한 방법으
로 무분별에 안주할 수 있겠는가? 또한 이미 경험
한 일체의 법을 억념(憶念-단단히 기억해서 잊지
않음)하지 않고 작의(作意-대상을 정확히 기억해
서 통찰하는 마음의 작용)하지 않는 것은 불가능
하다.

여실히 관찰함이 없이는 제법의 무자성(無自性)
즉 공성을 깨달아 들어갈 수 없고 억념이 전혀 없
는 무지한 마음으로 어떻게 정도(正道)를 닦는 수
행자기 될 수 있겠는가?

관찰하는 지혜로서 전도(顚倒)된 망상을 영원히
여의게 되는 것이며 그것을 끊고 버림으로서 청정
한 지혜의 광명이 법성의 진실을 더욱더 통연(洞
然)하게 깨닫는 것이다.

그러므로 먼저 일체의 경전을 읽어서 그 뜻을 통

달하고 고요한 처소에서 사마타(止)와 위빠사나
(觀)을 수습(修習)함으로써 깨달음의 체험이 마음
에 생겨난다. 그것을 바탕으로 수행하며 그 마음
또한 단지 환영(幻影)과 속제에 지나지 않으며, 승
의에 있어 그것이 무생임을 깨달아서 일체 법이
파초(芭蕉)의 속과 같이 텅 비었음을 여실히 증득
(證得)함으로써 마음의 혼침(昏沈-어둡게 가라앉
다)과 도거(悼擧-들뜨다)를 여의고 지관쌍운(止觀
雙運)의 도(道)에 스스로 들어가는 것이니 수행은
그와 같은 것이다.

그대들처럼 두 자량(止·觀)도 쌓지 않고 의식의 흐
름도 정확하지 않고 세간사도 또한 알지 못하면
어떻게 현상계를 이해할 수 있겠는가? 그렇게 되
면 어떻게 신명(身命)을 유지하는 데에 필요한 의
식주(衣食住) 등도 힘써 할 근거를 얻지 못할 것이
다." 라는 것이다.
<까말라씰라의 수습차제 연구> 중암

결국 8세기말의 이 논쟁은 티베트에 있어 그 후의 티베트
불교의 방향을 결정하는 의미로써 인도 중관학파를 티베
트에 공식적·지배적 종파로 수용하게 되는 결정적 계기가
되었다.

티베트 불교의 중요성은 인도에서 불교가 밀교화되면서
힌두교에 의해 흡수·소멸됨에 따라 불교 최고의 경지에

이른 중관학파의 불교철학이 오직 티베트 불교에 의해 유지·보존 내지 발전되었기 때문이다.

티베트의 불교역사는 843년 고대 티베트 왕조 분열 후 약 2세기에 걸친 혼란기를 경계로 해서 전기前期와 후기後期로 나뉜다. 후기 티베트 불교는 인도의 '후기 중관파'에 속하는 학승學僧인 아티샤Atisa 982-1054의 포교布敎로부터 시작되었고 그 성격은 계율戒律부흥운동으로 상징된다. 그리고 그 정신은 총카파로 이어졌다.

1.1. 총카파

총카파Tson Kha pa (1357-1419)의 본명은 롭상닥파Blo bzan grags pa로 총카파는 총카파 지역에서 태어난 사람이라는 뜻이다. 도차제론道次第論은 그의 주저主著이다.

총카파에 의해 창시된 겔룩파는 가장 늦은 시기에 설립設立된 종파로서 황모파黃帽波, 개혁파改革派라고도 불린다. 겔룩파는 제정일체祭政一體인 티베트의 실권實權을 장악하고 있는 현재의 달라이 라마(Dalai lama-달라이는 몽골어 바다(海)이다)가 속한 종파이다.

겔룩파는 엄격한 계율주의, 철저한 독신주의로써 신뢰를 받아 티베트 최대의 종파가 되었다. 현재 티베트의 주요 종단인 닝마파, 카규파, 사카파들이 모두 대처승帶妻僧인 것과는 다르게 유일한 비구승比丘僧 종단이다.

총카파의 저서著書에는 도차제론 외에도 탄트라Tantra불교를 취급한 비밀도차제론도 있지만 그 논의論議는 성자聖者로 분류되는 사람들의 밀교수행에 대한 것으로 현교顯敎의 수행을 완성한 사람에게만 탄트라의 실습을 허용하여 밀교의 수준을 상승, 엄격하게 제한시킴으로써 실제로는 탄트라불교의 논리를 파괴했다고 한다.

일본의 불교철학자인 마츠모토 시로松本史朗는 "총카파의 사상은 단순히 티베트 불교의 틀 속에 머물지 않고 불교 전체에 근본적인 문제를 제기할 정도로 중요성을 갖는다. 간략하게 말하면 총카파의 사상을 빼놓고서 불교란 무엇인가를 묻는 것은 오늘날 불가능하다."라고 한다.

법정스님은 그의 '인도 여행기'에서 앞으로 세계불교는 티베트 불교에 의해 주도될 것이라고 한 바 있다. 거의 같은 결론이지만 그러나 그 근거나 맥락에 있어서는 전혀 달랐다.

티베트 불교는 후기 중관파에 속하는데 8세기 인도에서 활약한 즈냐나가르바Jnanagarbha, 산타라크쉬타Santaraksita, 카말라쉴라Kamalasila 등 후기 중관파의 사상가들은 다마르키르티Dharmakirti- 法稱(7세기)의 인식론과 논리학으로부터 강한 영향을 받았다.

오히려 다마르키르티의 영향을 받았던 중관파를 후기중관파라고 부르는 것이 옳을 만큼 불교철학 역사상 그의 존재는 위대하였다. 그의 사상을 어떻게 해석하는가에 따라 즉 그를 유식파로 볼 것인가 아니면 중관파로 볼 것인가에 의해 해석이 상위하는 두 개의 큰 흐름이 형성되었고 후자들을 후기 중관파로 불렀다.

후기 중관파는 불교 논리학에 있어 승의를 다마르키르티의 논리학에 기초하여 이일다성離一多性의 논증인論證因이라는 논증식에 의거하여 고찰·증명하였다.

총카파 역시 후기중관파를 이어받았고 그는 다마르키르티 논리학의 무無의 이론인 '사유 가능한 것의 비인식非認識이 무無'라는 논리를 사용하고 있다. 즉 그 사유대상으로 말하면 그 사유범위 내에 그 존재가 상정됨에도 불구하고 인식되지 않기 때문에 그 존재가 부정된다는 것이다.

불교철학 중 최고인 인도 중관사상中觀思想이 티베트에 도입된 이래 일반적인 견해는 이변중관설離邊中觀說이었고 그는 이를 강하게 비판했다.

당시 티베트의 일반 중관학파에서는 이변중관설의 불가설不可說에 따라 '중관파는 자기주장이 없을 수밖에 없다.'라고 한데 대해 총카파는 '무자성인 것이 연기한다.'는 주장을 세웠다.

총카파는 도차제론에서 '무자성인 것空이 연기緣起한다.'를 다음과 같이 보충 설명한다.

"중관과 논리학의 미세한 정리(定理)의 긍정과 부정의 방식을 결정적으로(제대로) 인식하지 않은 상태에서 제법의 요점을 판단하는 티베트의 대다수의 사람들은 무자성이기 때문에 선악의 업(業)으로부터 고락(苦樂)이 생기는 등의 인과(因果)와 속박, 해탈 등의 설정(設定)은 모두 중관(교리)에서는 불가능하다고 말하고

어떤 사람들은 자상(自相)에 의해 성립하고 있는 제법에 자성(自性)이 없는 것(無自性)을 무(無)라고 보고 그것을 이유로써 (사물이)있다고 한다면 진실로서 있는 것이라고 (무와 무자성을)동일시하여 '세속적인 것은 그대로이지만 그것과 다른 것(승의의 진실)은 진실로서 성립하고 있다.'라고 하지만 둘 다 중관의 종견(宗見)으로부터 벗어나 있다. 왜냐하면 공(空)인 것이 연기(緣起)에 의해 현상으로 나타난다는 것이 나가르주나의 종견(宗見)이기 때문이다.

또한 자성(自性)을 배제하는 것만으로 그 대상을 어떻게 부정할 필요가 있겠는가. 그와 같이 이해하는 것(자성을 부정하는 것)은 인법(人法) 2아(二我)에서 상(相)에 집착하는 것에 대한 대치(對治)로 거기에는 상(相)에 대해 조금도 집착하는 것이 없기 때문이다. 이와 같은 이해(분별)조차도 과실(過失)이라고 보고 좋은 분별과 나쁜 분별 둘 다를

부정한다면 중국의 화상(和尙)의 설을 수립하고자
원하는 것이 분명하다."라고 한다.

다시 말해 그는 불교의 근본인 연기緣起·무자성無自性·공空
이라는 이해는 자성이라든가 아我라든가 하는 실체적인
것에 대한 집착을 없애는 좋은 분별이기 때문에 그것을 부
정해서는 안 되며 만약 그것을 포함하여 일체의 분별을 부
정한다면 중국의 화상和尙-수행을 많이 한 승려 마하연의 설說을
지지하는 것이 된다는 것이다.

총카파가 따르고 있는 중관파의 기본적인 논리방식인 귀
류법에서의 부정은 '순수純粹한 부정'이다. 즉 어떤 명제를
부정하는 것이 이런 부정의 필연적 결과로서 나타나는 반
대명제를 인정하는 것은 아니다. 예를 들어 '스스로 발생
한다.'라는 명제를 부정하는 것이 '다른 것으로부터 발생
한다.'라는 견해를 인정하는 것은 아니다.

이런 관점에서 총카파는 무(완전한 무)와 무자성 그리고
단순한 유有와 유자성(자체로서 있는 것) 유(존재)의 구별
을 강조한다. 이들 중에 무자성적 존재와 단순한 유는 연
기적 존재로서 세속유世俗有이다.

총카파는 그의 도차제론道次第論에서 승의의 정리正理는 환幻
과 같고 허망한 생生을 부정하는 것이 아니고 진실의 생生,
자성을 부정하는 것이므로 연생緣生인 것과 자성으로는 무
생無生인 것은 모순되지 않는다고 한다.

여기서 환과 같고 허망한 생이란 의타기성依他起性에 의해서 성립한 세속의 삶을 의미하고 총카파는 이를 부정하는 것이 아니라고 분명하게 말하고 있다.

‘세속에서는 환영幻影과 같다’는 말은 우리가 일상에서 살면서 종종 ‘지난 일들이 꿈만 같다’라고 하는 의미와 조금도 다르지 않다. 그것이 우리 삶의 실상이다.

그가 부정하는 것은 다만 진실의 생生 즉 자성, 자립적이고 불변하는 자기만의 성품을 갖는 생生이다. 그러면 자립적이고 불변하는 존재자란 무엇인가? 그것은 신神이며 형이상학적 존재이다. 붓다는 일찍이 ‘14무기無記’로써 일체의 형이상학적 질문에 대처하였다. 그것은 우리 인식 밖의 일로써 이에 대해서는 대답할 수도 또 해서도 안 되는 것이다.

자성自性 즉 물체의 본성을 자립적이고 불변하는 것이라고 말하지만 그 말만으로는 실제로 자성이 무엇인가에 대해서는 조금도 이해시키지는 못한다. 따라서 칸트는 물자체는 ‘모른다’고 하였다. ‘모른다’는 긍정하는 것도 아니고 부정하는 태도도 아니다. ‘모른다’는 인식되지 않는다는 의미다.

그러나 다마르키르티의 논리학에서는 물자체에 대해 ‘그 사유대상으로 말하면 그 사유범위 내에 그 존재가 상정想定됨에도 불구하고 인식되지 않기 때문에 비로소 그 존재가 부정(무無·공空)된다.’고 정의한다.

그렇다고 하여 그가 공空 자체를 해명解明한 것은 아니다. 왜냐하면 공은 이론이 아니고 수행을 통해 증득證得되는 인간 이성理性의 극한極限에 위치하고 있기 때문이다. 그것은 언어를 부정하는 반야般若·직관의 경지이지만 그렇다고 하여 어떤 신비神秘의 체험은 아니다. 그것은 엄연히 이성의 범주에 속한다.

중관학파에서의 공空이란 형이상학의 대상인 초월적 실체를 부정否定하는 것으로 그들은 그것을 논리에 의한, 논리적으로 증명하려 하였다. 그러나 궁극적으로는 논리로부터의 해탈 즉 무분별의 경지를 추구하였다. 이때의 지혜를 반야般若라고 하지만 그 완성은 수행을 거쳐야 증득되기 때문에 반야바라밀이라고 한다.

반야바라밀은 지혜知慧의 완성으로 공空을 체득한 것이기에 반야와 공은 서로 환치換置된다. 다마르키르티가 공을 범주론적으로 해명한 것이라면 반야바라밀은 실존론적으로 이해하는 즉 공을 증오證悟하는 것이다.

총카파는 도차제론에서 색 등(오온)의 생멸은 언설적(상식적)인 지知에 의해 성립하고 있는 것으로 그것들은 존재하더라도 정리지正理知에 의해 성립하고 있는 것이 아닌 까닭에 그것(정리지)에 의해 얻어지지 않는다(부정된다)고 한다. 중관학에서는 이를 '고찰考察을 견디지 못 한다'라고 한다.

그는 "그렇다고 하여 그 이유만으로 그것들(=색 등의 생멸)이 어떻게 부정되겠는가? 예를 들면 안식眼識에 의해 소리聲가 얻어지지 않더라도 그것(안식)에 의해 (소리가) 부정되는 일은 없다. 그런 까닭에 정리지는 색 등에 있어 자성에 의해 성립하고 있는 생멸生滅의 유무를 탐구하는 것으로, 그 정리正理에 의해 단지 생멸이라는 것을 탐구하는 것이 아니다."라고 한다.

여기에서 그는 생멸을 단순한 생멸 즉 언설유(세속유)로서의 생멸과 자체에 의해 실의로써 성립하고 있는 생멸 즉 실체시實體視된 유자성적인 생멸의 둘로 나누고 정리(또는 정리지)는 후자만을 탐구하기 때문에 정리에 의해 얻어지지 않더라도 전자(단순한 생멸)는 부정되지 않는다는 것이다.

총카파에 의하면 자성이 없는 것을 존재하지 않는 것이라 할 수 있으나 그러나 언설言說이라는 단서가 붙으면 존재하는 것이라고 할 수 있다. 존재하지 않는다고 부정하는 것은 자성自性이지 단순한(=생멸을 가진) 존재를 부정하는 것은 아니다.

언설言說-상식적인 언어활동은

 1. 널리 알려져 있어야 하고(常識)
 2. 다른 인식 논리로 부정할 수 없는 것(변계소집성은 부정할 수 있다).
 3. 승의(勝義)의 정리로 부정하지 않는 것을 말한다.

1.2. 감관지(感官知)의 승인(인정)

총카파는 도차제론에서

> "모든 감관지에 색성(色聲) 등은 자상에 의해 성립
> 하고 있는 것으로서 현현(顯現)하지만 현현하는
> 대로의 자상은 언설에 있어서도 없기 때문에 스승
> (월칭)은 언설에서도 감관지는 미란(迷亂)이라고
> 주장하신다. 그렇더라도 모든 감관지는 언설에 있
> 어서 색성 등의 모든 경계를 설정하는 양(量-올바
> 른 인식수단)으로서 부적절한 것은 없다."고 한다.

이 말은 감관지感官知에는 색色-사물등이 어떤 형색形色으로
나타난다. 따라서 '사물이 있다는 사실'을 확정하는 데는
부적절한 것은 없다. 그러나 감관지는 그 형색形色으로 나
타난 자상을 범주화範疇化하여 그 범주에 의해 그 의미나
내용을 인식하는데 대해서는 미란迷亂-어지럽게 헤맨다이다.
그것은 감각이 아니라 비량比量-추리·판단의 문제이다.

그리고 총카파는 현량現量-지각·감관지은 의미나 내용을 인식
하는데 있어 미란이라고 한데 비하여 비량比量에 대하여는
올바른 것도 있다고 하여 비량을 긍정적으로 받아들이고
있다.

총카파는 밀의해명密意解明에서

> 귀류파는 유(有-대상)를 명칭(名稱), 언설의 힘 만

에 의해 설정된 것이 아닌

a. 진실로서

b. 승의로서

c. 실의로서 성립하고 있는 것 그리고

d .자체(自體)에 의해서

e. 자상(自相)에 의해서

f. 자성(自性)에 의해서 있는 것으로서(=존재하는 것으로서) 믿고 그러한 존재방식으로서 존재하는 유(有)에 대한 집착하는 것은 구생(俱生)의 집착이라고 한 반면에

자립파(自立派)들은 진실 등(a.b.c.)은 소지(所知-지적 대상)로서는 있을 수 없다고 주장할지라도 자체에 의해 성립하고 있는 것 등(d.e.f.)은 언설(言說)에 있어서 있다고 주장한다. 그렇지만 귀류파는 그것(d.e.f.)을 인정하지 않는다고 한다.

이를 풀이하면 자립파自立派들은 일반적으로 어떤 진실·승의·실의를 갖춘 '참 존재'라고 이름 붙여진 즉 신神같은 존재는 부정하고 있지만 세속에서는 사물들이 자상·자체·자성을 가진다고 한다. 그러나 귀류파는 이런 자립파의 주장을 부정하고 존재자는 다만 이름名이라는 기호만 있을 뿐이라고 주장한다.

요약하여 총카파는 자립파는 언설에 있어 자상自相에 의해 성립하고 있는 법法. 物을 승인하지만 귀류파는 그것(조차

도)을 인정하지 않는다는 것이다.

그가 이렇게 주장하는 현실적인 이유는 승의제에서는 자상(자성)은 정리지正理知에 의해 부정·배제된다. 그런데 자립파가 주장하듯 유有-存在가 언설(세속)에 있어 자상自相에 의해 성립한다고 하면 자상이 정리지正理知에 의해 부정될 때 그 부정이 단순한 생멸(세속적 존재)까지도 부정하는 것으로 오해가 생길 우려가 있기 때문에 그러한 위험으로부터 세속유世俗有를 보호하기 위한 것이다.

총카파가 세속을 긍정하고 이를 보호하려는 요구는 용수가 대지도론에서 밝힌 반야바라밀을 닦는 보살들은 반드시 '생사를 싫어하지 않고 열반을 좋아하지 않는다.'고 한 보살 정신菩薩精神을 전적으로 수용한 것이다.

이는 칸트가 그의 순수이성비판에서 이성의 한계, 경계선을 분명히 설정함으로서 신의 존재를 부정하지만 그것은 신의 존재의 근거를 부당하게도 인간의 이성에 두지 않게끔 하기 위한 것일 뿐 그는 유신론자였다. 그는 신의 존재를 실천이성비판에서 인정한다.

즉 순수이성비판에서의 신의 부정은 이성으로부터 신神·신앙을 보호하려한 것으로 이는 세속을 보호하려는 총카파의 입장과는 대조를 이룬다.

사실 칸트의 이성비판의 목표는 신神이 아니라 사변적思辨

的 형이상학(영혼, 합리적 심리학, 우주론, 신학 등)을 공격하는 것이었다.

티베트 불교에서는 세속에서의 삶을 긍정한데 비해 서구 철학은 초월적인 기독교 신에 대한 신앙을 중히 여겼다. 그런데 막스 베버Max Weber가 그의 저서 '프로테스탄티즘의 윤리와 자본주의 정신'에서 밝힌 바에 따르면 그런 초월을 지향하는 신앙심이 오히려 가장 세속적인 자본주의의 정신적 근거가 되었다는 것이다. 그것은 지독한 파라독스paradox다.

2장. 중국의 불교(선종-禪宗)

중국에 불교가 전파되는 과정은 무척 길고 오랜 시기에 걸쳐 이루어졌다. 그러나 본격적인 전래는 6세기 이후였다.

중관학파의 공空사상은 길장吉藏 (549-623)에 의해 중론과 백론, 십이문론의 사상을 연구하는 삼론종三論宗이라는 학파의 이름으로 소개·확립되었고

인도에서 수학한 현장玄奘 (602-664)은 법상종法相宗을 설립하여 유식학唯識學을 소개하였다. 법상종의 교학敎學은 기본적으로 아라야식을 포함한 아라야식八識에 대한 교의와 사분설四分說, 삼성설三性說 등으로 인도 유식학을 답습한 것이다.

삼론종이나 법상종은 용수의 중론을 중심으로 하는 대승 불교로 그 체계는 논리적 사유를 근간으로 하고 있다. 그리고 논리論理는 말길言路이나 뜻 길意路로 누구나 그 길을 따라 가며 듣고, 생각하면 배울 수 있기에 중국에서는 선종禪宗과 대비되는 의미에서 교학敎學이라고 한다.

선종禪宗은 서쪽인도에서 온 달마대사Bodhidharma (?-528)에 의해 전파되었고 2조 혜가慧可 (487-593)와 3조 승찬僧燦 (?-606) 때까지는 큰 발전을 이루지 못하였으나 4조 도신道信 (580-651)과 5조 홍인弘忍 (602-675) 때에 새로운 국면을 맞아 흥왕興旺하였다.

그러나 실제로 당·송을 거치며 거대한 종파로 자리를 잡게 한 것은 6조六朝 혜능慧能 (638-713)이었다. 혜능은 이전 조사들이 능가경楞伽經에 의존한 것과는 달리 일체개공一切皆空을 강조하는 금강경金剛經을 심인心印으로 삼았다.

혜능과 그의 사형師兄인 신수神秀 (?-706)는 선법禪法을 이을 자리를 두고 경쟁하였는데

5조 홍인의 게송偈頌을 써오라는 요구에 따라 신수는

"몸은 깨달음의 나무요(身是菩提樹)
마음은 밝은 거울과 같으니(心如明鏡台)
날마다 부지런히 털고 닦아내어(時時勒拂拭)
티끌이 일지 않도록 하세(莫使)"라 하였고

이를 본 혜능은

>"깨달음은 본래 나무가 없고(普提本無樹)
>밝은 거울 또한 받침대가 없네(明鏡亦非台)
>본래 한 몸도 없거늘(本來無一物),
>어디에 티끌이 있으랴(下處有塵矣)"라고 하였다.

이 게송으로 혜능은 6조로 인가를 받았는데 이 둘의 차이는 신수에게는 인식의 대상인 심소心所와 인식 자체인 심心이 함께 있는 반면에 혜능은 심마저 없다는 점이다.

이는 수행에 있어 점수漸修와 돈오頓悟의 차이로 나타난다.

선종은 부처님의 진의眞義는 말씀으로 가르친 것 밖의 따로 마음으로 전한 것敎外別傳에 있다고 하여 가르침을 말이나 글로 알아 가는 것以言傳言이 아니라 마음으로 직접 깨달아야 한다는 입장이다. 그들은 교敎를 통해 마음을 깨친 사람悟心者은 구경각究竟覺을 깨친 증오證悟가 아니라 해오解悟 또는 신해信解한 것이라 한다.

그리고 이러한 지해知解를 선종에서는 절대 배격한다. 만약 말을 의지해서 자꾸 지해知解만 내고 전신轉身 즉 말을 잊어 버리고 지해를 버리는 길을 택하지 않으면 아무리 종일토록 관觀을 해도 점점 더 지해에만 묶이게 된다. 선종에서는 이언득입離言得入 즉 말을 떠나서 깨달아 들어가는 것이니, 일체 언구言句를 떠나서 바로 깨친다는 말이다.

교학적 관점에서 본 선종의 근거는 중관파의 이변중관설離邊中觀說에 있다. 총카파는 '이변중관설을 주장하는 사람들은 중국의 화상和尙의 설(선종)을 수립하고자 원하는 것이 분명하다.'라고 한다.

이변중관설이란 최고의 실재(승의의 진실)는 불가설不可說이며, 일체의 분별과 희론戱論을 떠나 있어 유有라고도 할 수 없고 무無라고도 할 수 없다는 것이다.

중국은 도가道家뿐만 아니라 유가儒家 역시 그러니까 중국 철학은 근본적으로 그들 고유의 생활의 지혜에 따른 정언적定言的 사유 즉 어떤 명제命題를 주장, 판단함에 있어 논리를 배제排除하는 사유가 일반적 경향이었다. 그들의 사유는 경험적 지혜이고 초논리적이다.

초논리적 사유방식은 선종의 '이심전심以心傳心 불립문자不立文字'라는 교리와 잘 맞았고 논리적인 교학敎學과는 껄끄러울 수밖에 없었다. 따라서 대승불교는 교외별전敎外別傳을 따르는 선종禪宗에 의해 밀리는 형세가 되어갔다.

2.1. 교(敎)와 선(禪)

성철스님은 "불교 최고의 원리는 대승불교에서 볼 때도 중도中道에 있고 선종에서 볼 때도 중도에 있다."고 하였는데 이 말씀의 이면裏面에는 대승불교와 선종에 다름을 분명히 한 것이기도 하다.

성철스님에 따르면 교와 선의 다른 점은 선은 부처님 마음자리를禪是佛 마음으로 마음을 전하는 것이며以心傳心 교는 부처님 뜻教是佛語을 말로 전하는 것이다以言傳言. 그러나 이 둘의 근본진리가 중도中道인 점에서는 다를 바 없다.

결국 교종이나 선종 모두 그들이 추구하는 진리의 모습은 중도中道라는 데서는 일치한다. 그러나 중도를 이해하는 과정이나 세속을 대하는 태도에서는 분명한 차이를 보인다.

대승불교 즉 중관학파와 선종의 차이는 그 첫째가 논리적·인식론적인 면모이고 그 둘째는 선종의 관심은 수행자의 깨달음 즉 승의를 최우선으로 하고 있는 반면 중관파는 보살들은 반드시 '생사(세속)를 싫어하지 않고 열반(승의)을 좋아하지 않는다.'고 하여 세속을 강조한다. 그리고 셋째는 수행과정에서의 차이이다.

먼저 논리적·인식론적인 사유라는 면에서 보면 불교에서는 석존釋尊으로부터 대승불교에 이르기까지 합리성, 이성적 사고가 그 중심에 있다. 달라이 라마는 "지성적知性的 이해는 직접적 깨달음에 이르기 위한 필수적 도구이다."라 지적하여 초논리 즉 '논리로부터 해탈'하기 위해서는 논리에 의해서만 그 논리를 극복할 수 있다는 것이고 이는 중론의 근본 이해이다.

가섭문품迦葉問品에서도

"가섭이여! 예를 들면 두 나무가 바람에 의해 마찰될 때 불이 생긴다. 불이 생겨 두 나무를 태우는 것처럼 가섭이여! 바르게 관찰하여 성자의 혜근(慧根)이 생긴다. 성자의 혜근이 생겨 바르게 관찰하는 것을 태운다."고 하셨다. 이는 올바른 관찰행 자체가 무분별을 일으킨다는 의미이다.

둘째로 중관학파와 선종의 차이를 세속제와 승의제라는 관점에서 보면 불교에서는 법성을 가진 제법의 본질에 세속과 승의 각각의 본성 둘이 있다고 한다. 이는 세속과 승의는 하나의 사물의 양면兩面일 뿐이라는 것이다.

즉, 색즉시공 공즉시색이다. 중관학파가 색色에 보다 관심을 가졌다면 선종은 공空에 방점傍點을 찍고 있다. 중관학파는 세속을 적극적으로 인정한다. 그러나 선종에서는 수행자의 깨달음을 최우선으로 한다.

이는 보시普施에서의 차이로 드러난다. 중관학파는 자비행慈悲行, 이타행利他行을 통해 세속의 삶에 직접적으로 관여하는 데 비해 선종에서의 보시는 법보시法普施 즉 불법佛法을 중생에게 알도록 해주는 보시이다

사유방식에서는 선종은 논리적인 것을 극력 배척하고 세속의 삶에 대해서는 적극적으로 의미를 부여하지 않는다. 여명黎明에 울리는 깊은 산사山寺의 범종梵鐘 소리처럼 중생에게 깨달음의 세계의 존재를 알림으로써 세속에서의 삶

의 고달픔을 달래주는 효과를 기대할 뿐이다.

마지막으로 중관파와 선종의 수행과정에서의 차이는 중관파는 선정禪定·止와 반야般若·觀이 상호보완적이기는 하나 선정을 반야에 종속시킨다. 그러나 선종에서는 이 둘을 하나로 보아 화두話頭를 잡고 하는 참선參禪-看話禪을 통해 깨달음을 얻으려 한다.

까말라씰라의 중관수습차제中觀修習次第에서는 수행에 대해 다음과 같이 말하고 있다.

대승大乘의 수행修行의 핵심이 되는 선정禪定바라밀과 반야般若바라밀을 각각 사마타止와 위파사나觀라고도 하는데 사마타는 마음이 소연所緣의 대상에 일념으로 머무르는 것이고 위파사나는 제법의 뜻을 여실히 결택하는 것을 뜻한다. 사마타를 마음의 흐름에 일으키는 것은 번뇌를 제멸하는 위파사나를 일으키기 위한 것이다.

반야가 지향하는 무분별에는 공성空性을 닦는 무분별과 공성을 전혀 이해하지 못하는 두 가지가 있으므로 마음의 안락과 명징明澄과 무분별이 있다고 해서 그 모두가 공성을 닦는 것으로 인정해서는 안 된다.

반야로서 사물의 자성을 여실히 관찰해서 닦지 않고 단지 작의作意의 버림만을 오로지 닦는 것은 그의 분별을 영원히 제멸除滅하지 못하며 무자성의 진실 또한 영원히 깨닫지 못하는 것이니 왜냐하면 지혜의 광명이 없기 때문이다.

선정禪定만을 수습하면 확지確知-구경각의 반대편인 인법人法
두 자아를 실집實執하는 증익增益을 그만큼 파괴하지 못하
게 되는 것이니 지관을 평등하게 수습해야 한다.

또한 어느 때 위파사나의 수습이 과다해서 지혜력이 넘치
면, 그때는 사마타의 힘이 달리는 까닭에 바람 속의 등불
처럼 마음이 흔들려서 진성眞性을 밝게 비추어 볼 수 없게
된다. 그러므로 그때는 바로 사마타를 수습토록 한다. 또
한 사마타의 힘이 넘치게 되어도 잠에 빠진 사람처럼 심지
心地가 흐려져서 진성을 밝게 비추어 보지 못하게 되는 것
이니, 그때는 반야를 수습토록 한다.

이것이 중관파의 기본수행 관점이다. 이는 오로지 참선만
을 닦는 선종과는 다른 관점이다.

선禪 수행의 기본은 좌선坐禪을 통한 자기 조명照明과 선지
식善知識-스승과의 선문답禪問答으로 진실을 깨달아 확인하고
그 스승으로부터 인가認可를 받는다. 정해진 교과과정이 없
는 선종에서 선지식의 존재는 매우 중요하다. 그는 제자의
수행을 지도하고 그 결과를 확인하고 인가한다.

간화선懇話禪에서는 스승이 제자에게 화두話頭를 내리는데
이 화두라는 것이 전혀 논리로는 답할 수 없는 것, 그들 말
로는 마치 모기가 쇠 소鐵牛의 껍질을 뚫으려는 것과 같다.

어떤 화두는 '부처는 똥 막대기다.'인데, 이는 아마도 용수가 '나는 부처의 가르침도 환상과 같고 꿈만 같다'(대지도론)는 의미와 통하는 것이 아닌가 하는 생각이지만 화두가 거부하는 것은 이런 생각, 알음알이知解이다.

또한 한 선사禪師는 대나무竹에 돌 맞는 소리를 듣고 깨우쳤다고도 한다. 이러한 철저한 논리적 사유의 거부는 달라이 라마가 지성적知性的 이해는 직접적 깨달음에 이르기 위한 필수적 도구라고 말씀한 것과는 정반대에 서 있다.

2.2. 선종(禪宗)과 도가(道家)

선종의 효시인 달마의 혈맥론血脈論에는

> "널리 배우고 지혜가 많으면 자성(自性)이 도리어 어두워진다. 명경(明鏡)은 늘 밝은데 그 위에 먼지가 자욱하게 앉아 있을 때 먼지를 계속 문질러 닦는 것은 도(道)를 닦고 선(禪)을 닦는 것이지만 먼지를 하나라도 더하는 것은 망상을 더하는 것이다. 글자를 한자 더 배우면 한 글자만큼 망상을 더하는 것이다."라고 하여 교학(敎學)을 철저히 공박하고 있다.

이는 노자의 도덕경道德經에

> "배움을 위해서는 날마다 더하고 도를 위해서는 날마다 던다. 덜고 또 덜어서 무위(無爲)에 이르니

무위면서 못하는 것이 없다.”

爲學日益 爲道日損 損之又損

以至於無爲 無爲而無不爲

와 거의 같은 의미이다.

또한 수행修行이나 명상冥想이라는 관점에서도 이 둘은 일치하는 모습을 보인다.

불교가 처음 중국에 전래되어 주의를 끌 수 있었던 것은 선정禪定 수행의 일종인 수식관(數息觀-날숨과 들숨의 호흡을 주의 깊게 관찰하여 잡념이 없어진 경계에 달한다.) 이 도가의 기氣를 마시거나 내쉬는 수행과 유사하여 불교를 선법仙法으로 받아들인 점 역시 무시할 수 없다.

선종의 논리적 근거에 해당하는 이변중관설에서의 이희론離戲論, 불가설不可說은 역설적으로 불가설의 실재로서의 여래장如來藏을 긍정하는 경향이 있었고 이는 실재론實在論과 다름없다. 그리고 도가道家의 자연주의 철학은 자연自然이라는 실체를 근원으로 하였기에 이런 실체개념은 불교의 여래장如來藏사상에 쉽게 다가 갈 수 있었다.

결론적으로 도교는 불교가 중국에 정박碇泊하는데 있어서 용어나 개념상으로 편리한 도구를 제공하였고 불교는 도교가 사유思惟의 범위를 넓히고 정신적 수행을 깊게 할 수 있도록 도움을 주었다.

2.3. 불교와 유교

유가에서는 인도 불교가 충효忠孝를 중요하게 여기는 윤리 정신에 어긋나고 불교를 오랑케의 종교로 격하格下시키면서 이는 중국문화 중심주의인 중화사상中華思想을 훼손하는 것이라 하여 극심한 배불론排佛論을 펼쳤다.

그러나 불교 교학敎學 즉 삼론종, 법상종 등의 깊고 넓은 사유 범위와 정교하게 구축한 논리적 이론체계는 당시 지식인 계층의 관심을 끌기에 충분하였다. 중국전통의 현실 중심의 경험주의 그리고 논리적 인식을 배제한 정언적定言的 사유는 그들 즉 지식인 계층의 지적知的 욕구를 만족시킬 수 없었다.

한유韓愈와 소식蘇軾 등 당송唐宋 팔대가八大家들에서 볼 수 있듯이 당시 사대부士大夫계층의 젊은이들은 대부분 불교 특히 대승불교에 적극적 관심을 가졌었다.

이러한 논리적 사유에 따른 지적知的 분위기의 변화는 유가儒家에 영향을 주어 새로운 유교 즉 성리학性理學으로 나타났다.

유교에서의 공자孔子와 주자朱子의 위치는 불교 내에서의 석가와 용수의 관계와 유사하지만 그 관계에는 차이가 있다.

용수는 석가의 본뜻을 논리를 통하여 보다 잘 이해하도록 한 반면에 주자는 유가儒家사상을 형이상학화形而上學化하여

이를 이기이원론理氣二元論으로 정립함으로써, 종래의 하늘
天-理을 자연自然-氣과 격절隔絶시켜 선진先秦 유가의 사상을
변질시켰다. 즉 유가 본래의 이기일원론적 사유에서 이기
이원론으로 변질시켰다.

공자는 인간의 자연스러운 품성에 바탕을 둔 오륜五倫을
천륜天倫으로 이해하고 있었다. 주자 역시 같은 말을 하였
지만 그는 천天을 형이상학적으로 해석하여 초월적超越的
존재로 절대화함으로써 오륜은 인간의 자연스러운 품성
에서 유리遊離되어 리理에 의해 이끌리는 강제력으로 변질
되었다.

2.4. 한국의 선종

신라新羅의 구산선문九山禪門에 기원基源한 조계종曹溪宗은 선
종禪宗으로 한국 불교의 대종大宗이다. 그러므로 우리는 선
종의 취의趣意를 불교 전체의 모습으로 알고 있다.

고려 말 보조普照스님 지눌知訥은 간화결의론看話決疑論에서
다음과 같이 말하고 있다.

> "대승교 원돈(圓頓)의 신해문(信解門)은 말길과 뜻
> 길이 있어 듣고 알며 생각하는 것인 까닭에 초심
> 학자들도 믿어 받아들이고 받들어 지닐 수 있으나
> 선종 경절문(徑截門-빠르게 끊어 들어가는 문)은
> 비밀히 계합(契合)함을 스스로 증득하는 것이어서
> 말길과 뜻 길이 없으며

들고 알며 생각하는 것을 용납하지 않는 까닭에, 상근기(上根氣)의 큰 지혜가 아니면 어찌 밝게 얻을 수 있으며 어찌 뚫을 수 있겠는가. 그러므로 모든 배우는 무리가 도리어 의심하고 비방함은 이치상 당연한 것이다."라고 하여 선종(禪宗)이 일반인에게 다가가기 어려움을 이해하고 있었다.

그는 이어서

"이 대승교의 이치가 비록 가장 원묘(圓妙)하나 모두 식정(識情)으로 알며 생각하여 헤아리는 것이기 때문에 선문(禪門)에서 화두(話頭)를 참구(參究)하여 곧장 깨쳐 들어가는 문(門)인 선종에서는 (대승불교의 이치) 낱낱을 모두가 불법(佛法)을 지해로 헤아리는 병(病)으로 가려내었다."

즉 언로言路와 의로意路가 있고 문해聞解와 사상이 있다는 것은 결국 인식작용이 있다는 것으로 이는 객진번뇌客塵煩惱와 다름이 없다는 것이다.

"만약 상근기의 사람이 비밀히 전한 것을 감당하여 과구(窠臼-수행인의 자유롭고 생동하는 사색·판단을 속박하고 경화硬化시키는 고정화된 틀)를 벗어난다면 경절문의 아무 맛도 없는 법문을 듣자마자 지해知解의 병에 의하여 막히지 않고 곧 귀결처歸決處를 안다. 이를 한 번 들으면 천 가지를 깨쳐서 대총지大摠持를 얻은(일체를 깨친) 사람이라고 한다."

성철스님은 "우리 공부하는 사람은 경절문의 화두를 실제로 참구해야지 절대로 돈오점수頓悟漸修니 원돈신해圓頓信解니 하는 사구死句 즉 죽음의 길로 가지 말고 활구活句를 의지해 공부하여 대총지를 얻는 구경을 성취하니 반드시 이 길로 가야 합니다."라고 하셨다.

그러나 앞서 보조스님이 "상근기上根氣의 큰 지혜가 아니면 어찌 밝게 얻을 수 있으며 어찌 뚫을 수 있겠는가?"라고 말씀하셨듯이 이 길은 몇 안 되는 상근기上根氣에 해당할 뿐 보통사람에게는 오히려 불교에의 길을 막아서는 것이다.

우리 같은 보통사람들에게는 "대승교 원돈圓頓의 신해문信解門은 말길과 뜻 길이 있어, 듣고 알며 생각하는 것인 까닭에 초심학자들도 믿어 받아들이고 받들어 지닐 수 있다."는 말씀이 더 가깝고 그리고 유일하게 열려있는 가능한 길이다.

2.5. 한국불교의 역사

한국불교의 역사는 선종의 역사이고 교외별전敎外別傳, 이심전심以心傳心을 지향하는 선종의 역사는 곧 선사禪師에서 선사로 이어지는 선사들의 역사가 중심일 수밖에 없다.

'한국불교의 위대한 대선사'에는 100분 가까운 선사들이 수록蒐錄되어 있다.

2.5.1. 원효에서 성철로

신라시대의 선사로는 원효元曉 (617-686)와 의상義湘 (625-702)

이 대표적이다.

해골에 고인 물을 마시고 모든 법法이 마음작용에 다름 아
님을 깨닫고 중국유학의 발길을 돌린 일화逸話로 유명한
원효는 다음과 같은 선시禪詩를 썼다.

> "마음이 생하는 까닭에 여러 가지 법이 생기고 마
> 음이 멸하면 감(龕-신주(神主)를 모시는 곳)과 분
> (墳-무덤)이 다르지 않네.
>
> 삼계가 오직 마음이요, 모든 현상이 또한 식(識)에
> 기초한다.
>
> 마음 밖에 아무 것도 없는데 무엇을 따로 구하랴."

그는 대승기신론소大乘起信論疏 외에 여러 저서를 남기었다.

고려시대의 불교는 목우자 지눌牧牛子 知訥 (1158-1210)과 왕
자王子인 대각국사 의천義天 (1055-1101)으로 대표된다. 지눌
은 신라시대의 구산선문九山禪門을 조계종曹溪宗에 통합하여
의천의 천태종과 함께 고려 불교의 양대 산맥을 이루었다.
그는 선禪으로 체體를 삼고 교敎로써 용用을 삼는 선교禪敎의
통일성을 이룬 큰 업적을 남기었다.

그리고 삼국유사三國遺事를 남긴 일연一然 (1206-1289)과 임제
종의 시조인 보우普愚 (1301-1382)가 있었고 이성계와의 밀

접한 관계를 가진 무학無學왕사 자초自超 (1327-1405)는 조선 불교의 터전을 닦았다.

조선시대는 억불숭유抑佛崇儒정책에 의해 크게 들어난 선사가 없었다. 그러나 임진왜란이라는 국난國難을 맞아 숨겨져 있던 선맥禪脈이 그 빛을 보였다.

서산대사西山大師 휴정休靜 (1520-1604)은 승병僧兵 1,500명을 이끌며 혁혁한 공功을 세웠으나 그는 다음과 같은 선시도 남기었다.

> "주인은 손에게 꿈을 얘기하고
> 主人夢說客
> 손은 주인에게 꿈을 말하네
> 客夢說主人
> 지금 꿈을 얘기하는 두 사람
> 今說二夢者
> 그 모두 꿈속에 사람일세."
> 亦是夢中人

그리고 국난을 함께 겪은 사명존자四溟尊者 유정惟政 (1544-1610)은 그의 문하생이었다.

임난任難 이후부터 근세에 이르기까지 선사들의 맥은 이어지지 못하였다.

그리고 경허스님鏡虛 (1849-1912)에 의해 중흥기를 맞이하게 되었다. 그는 문둥병이 발병한 마을을 지나다가 생사의 절박함을 깨닫고 방랑이라는 수행의 길을 걸었다. 그는 술과 고기를 마다않는 기승奇僧이었으나 그의 문하에는 많은 대선사들이 배출되었다. 소위 북北 한암漢岩 남南 만공滿空 (1871-1946)으로 불리어진 두 선사를 비롯한 혜월慧月, 침운沈雲 등이 그의 문하에서 도를 닦았다.

근세 불교에서 조계종 초대 종정宗正을 지낸 효봉曉蜂 (1888-1966)은 일제日帝시대 판사判事였으나 최초의 사형선고를 내린 후 회의에 빠져 엿장수로 팔도를 유랑하였다. 그리고 불교정화淨化 운동을 함께 한 청담靑潭 (1902-1971)은 이대二代 종정이 되었다.

그러나 오로지 깨달음에 용맹정진勇猛精進한 분은 성철性徹 (1912-1993)스님이었다. 그는 10년간의 장좌불와長座不臥 외에도 평생 힘든 수행을 하였다. 상근기上根氣는 명석한 두뇌뿐 아니라 이런 수행을 할 수 있는 능력을 타고났다는 것이다.

누가 내게 그분이 정말 깨달았는가 하고 묻는다면 나는 주저없이 그렇다고 할 것이다.

그분이 '산은 산이요 물은 물이다'라고 한 것은 관념으로부터의 해탈의 경지를 극명하게 그리고 사실적으로 나낸 것이다. 그분은 오매일여寤寐一如도 말씀하셨는데 이는 무의식의 세계까지도 정화되어야 한다는 의미로 교종으로서는 넘볼 수 없는 경지이다.

그분의 다비식茶毘式에서 보여 준 온 국민의 추모와 존경심은 한국 불교에 아직 희망이 있다는 생각을 들게 하였다. 그러나 그것은 섬광閃光처럼 지나가 버렸다.

선사들의 흐름은 숨기도 드러나기도 하면서 이어져 왔지만 그러나 그것은 지하地下에 흐르는 금광맥金鑛脈같은 것으로 지상세계를 주도主導하지는 못하였다. 불교의 역사에는 그와는 전혀 다른 민중들에 의한 불교의 모습이 있었다.

2.5.2. 조선조 후기의 불교

조선조의 억불숭유抑佛崇儒 정책은 사대부士大夫라는 지식인 계층으로부터 불교가 배척당하는 직접적인 계기가 되었다. 또한 사회적으로는 성리학의 명분적이고 완고한 윤리관은 계급사회를 고착시킴으로써 상인과 노비들의 삶을 질곡桎梏에 빠트렸다. 그리고 이러한 폐해弊害가 극명하게 드러나고 심화된 것은 왜난矮難 이후였다.

불교는 단순히 배척당했을 뿐 아니라 승려는 팔천八賤의 하나가 되어 이들 상인, 노비들과 하나가 되며 오히려 그들로부터 새로운 생명력을 얻었다. 그 추동력은 현세불인 석가釋迦의 가르침, 교리가 아니라 미래불未來佛인 미륵彌勒의 세상이 이 땅에서 이루어지이다 하는 염원이었다. 그것은 스님으로서는 자비심이고 고통받는 중생들로서는 삶을 모두 바친 원망願望을 담은 신심信心이었다.

이처럼 민중화된 불교에는 미륵사상뿐 아니라 토속적인 신앙이 함께하게 되어 불교 사찰에는 불교 교리외적인 삼신당三神堂이나 칠성각七星閣들이 필수적인 것이었다. 그에 따라 불교는 오히려 기복祈福이 중심이 되었다.[13]

이렇게 된 현상의 배후에는 불립문자不立文字를 표방하는 선종의 영향을 제외하기는 어렵다.

한편에서는 장사 잘되게 해달라고 욕심을 비는 신자信者들과 다른 한편에서는 '부처는 똥 막대기다'라는 화두話頭를 들고 '대나무에 돌 맞는 소리'나 기다리는 선승禪僧이라는 우리 불교의 이원화二元化된 모습이 현재 한국불교의 한 단면이다.

선종은 스님들 자신에게는 불교공부를 할 기회가 주어져 교리를 제대로 이해할 수 있을 지도 모르지만 논리를 가볍게 여기는 흐름은 보통 신도들을 무지無知 상태로 만들었다. 일반 신자信者들에게 선종은 불교에 대한 논리적 접근 대신 한용운의 '님의 침묵'에서처럼 시적詩的 내지 감성적으로 대하게 한다.

---

13 기복은 조선조 이전에는 물론 어느 종교에서나 있어 왔다. 그것은 소유를 근거로 하는 세속의 삶에서 필연적이라 할 수도 있다. 여기서 말하는 것은 그 정도가 심하였다는 것이다.

2.7. 서구세계와 불교

불교가 서구세계에 소개된 것은 20세기 초에 스즈키 다이세츠鈴木大拙의 선학논문집禪學論文輯-in Zen Buddhism을 통해서였다. 이는 선禪을 통하여 현대 과학문명과 기계화된 산업사회의 질곡桎梏으로부터 벗어나려는 욕구를 자극시켜 서구인들에게 깊은 영향을 주었다.

그러한 욕구는 인도의 명상가瞑想家들에 의해 명상冥想센터 설립으로 이어졌다. 그 명상의 목표는 분별分別을 기본으로 하는 사량식思量識을 지양止揚함으로써, 즉 원숭이가 이 나뭇가지에서 저 나뭇가지로 옮겨 다니듯 이것에서 저것으로 끊임없이 이어지는 생각들을 그침으로서 마음의 안락安樂얻으려는 것이다.

불교가 이러한 명상센터와 분명한 차이를 보이기 위해서는, 경전經典에 대한 중관파의 논리적 해석과 그에 따른 공성空性의 이해가 필요하다. 까말라씰라가 말했듯이 반야般若가 지향하는 '무분별'에는 공성을 닦는 무분별과 공성을 전혀 이해하지 못하는 두 가지가 있으므로 명상에 의한 마음의 안락과 명징明澄과 무분별이 있다고 해서 그 모두가 공성을 닦는 것은 아니다. 일반 명상센터와의 차이는 이점을 분명히 하는데 있다.

우리가 무언가를 배운다는 것은 논리를 통해서이다. 피타고라스의 정리가 아니라면 보통사람은 삼각형의 빗변의 길이를 평생토록 찾아도 그 답을 구하지 못할 것이다.

미술에서 데생 훈련 없이 추상화를 그리는 것처럼 불교 중심에 있는 무자성無自性, 공空에 대한 논리적 이해 없이 참선, 명상을 통해 무분별·공성에 다가가는 것은 자칫 공병空病에 빠질 수 있다. 이 공병에는 약도 없다.

7부

보살로서의 삶

"목숨이란 돋는 햇살에 슬어져 가는 이슬과 같은 것이지만 영롱(玲瓏)하게 초목(草木)을 적시는 아름답고 귀한 것이니라." - <장길산> 황석영[14]

1장. 불교의 성격과 보살

인간을 포함한 모든 생명체는 유한有限하다. 그 생명체에게는 그것이 성취成就해야만 하는 외부로부터 주어진 목적 같은 것은 없다. 장미꽃은 그 자신을 만개滿開하는 것이 성취이고 목적이다.

인간 존재에게 있어 자유·해탈을 이루는 것은 삶의 만개이고 성취이다. 그리고 불교는 인간은 자신의 지혜知慧-반야에 의해 무명을 깨침으로서 자유·해탈할 수 있다고 믿는다.

실존철학자인 칼 야스퍼스는 인간이 성취하고자 하는 가

---

14 이는 우리 삶(목숨)은 돋는 햇살에 쓰러져가는 이슬과 같은 것이지만 이슬이 초목을 적시어 그 생명을 돕듯이 우리는 남을 도움으로써 그 이슬 같은 삶이 영롱하게 빛나는 아름답고 귀한 것이 된다고 읽을 수 있다.

장 높은 완성의 경지를 깨달아 앎, 사랑의 비추임 그리고 마음의 평정이라고 한다. 이는 자유·해탈의 경지와 크게 다르지 않다. 그것은 삶의 구제救濟의 문제이다.

인도 힌두교에서는 중생을 구제함에 있어 브라흐만 Brahman-전륜왕은 위력威力으로 쉬바Shiva-대자재천는 중생들의 원願에 따라 비쉬누Visinu는 신통神通으로 온갖 형상을 나타내어 중생을 구제한다고 한다. 그러나 불교에서는 참다운 스승이신 세존世尊께서는 오로지 참답고 올바른 가르침如理 正敎에 의해서만 중생들을 생사의 늪에서 구제할 뿐이라고 한다.

이는 서양문명 기독교에서의 구원관救援觀과 극명한 대조를 보인다. 기독교에서는 구원을 신神을 향한 신앙심信仰心에 의해서만 가능하다고 믿는다. 이는 신神에 대한 원죄설原罪說이 기독교의 기초이기에 당연한 것이다.

따라서 서양철학의 최고봉에 선 칸트조차도 순수이성비판에서 이성의 한계를 명쾌하게 그리며 신의 존재를 부정하지만 실천이성비판에서는 신의 존재를 승인한다. 이러한 칸트철학에서는 이성理性을 다룸에 있어 지적知的인 것과 윤리적·종교적인 것 사이에 단절斷絶이 있다.

그러나 불교 중관에서의 공空을 사유하는 지혜·반야般若는 논리적 사고를 부정한다는 점에서는 직관直觀이며, 애욕을 뿌리째 뽑아 버린다는 점에서는 해탈이다. 이는 불교가 종교적 철학, 철학적 종교라는 인도철학의 토양土壤에 뿌리한 것임을 보여준다.

불교에서는 해탈이나 열반은 오직 지혜를 통해서만 가능하며 예배나 그 밖의 종교적 행위들은 그 보조 수단이라는 분명한 이해가 있었다. 불교는 부처님 가르침을 올바르게 알고 수행하여 최고의 지적知的 직관인 반야般若에 이름으로써 해탈할 수 있다는 지적知的인 종교이다.

그리고 자비慈悲와 공성空性은 그 반야의 양면이며 자비는 보살로서의 삶의 근거이다.

여기서 보살은 출가出家 스님만이 아니라 재가在家 불자佛子도 포함한 의미이다.

2장. 현실 삶의 긍정

불교는 삶에 대한 몇 가지 관점 즉 고苦, 무상과 같은 개념과 세속을 버리고 절寺院로 들어가는 스님들의 모습을 통해 허무주의적虛無主義的인 종교로 비춰지기 쉽다. 그러나 불교의 본지本志는 그와는 정반대로 삶을 적극적으로 수용하는데 있다.

불교에서는 세속을 허깨비 같고 신기루蜃氣樓같다고 하고

승의를 무자성·공空이라 하여 우리의 삶이 발붙일 곳이 없도록 일체를 부정한다. 그러나 이타행利他行 보살의 삶에서 그 길을 마련한다. 이타행은 너와 나, 모든 존재자가 차연의 관계라는 연기사상의 당연한 귀결이다.

공을 현실적인 관점에서 해석하면 공은 일체의 기존관념, 가치관을 부정함으로써 그것들이 무화無化된 상태로 그 앞에는 어떤 삶을 살 것인가에 대한 모든 가능성이 열려있다. 이러한 공은 인간이 하나의 완전한 '가능可能 존재'임을 입증하는 것으로 인간은 그 자유의지에 따라 어느 방향으로든 나아갈 수 있다. 이타행은 그 자유의지의 소산이고 또 자유의지이어야만 한다. 아니라면 의미가 없다.

대지도론大智度論과 중론中論은 용수龍樹의 가장 중요한 저서著書들이다. 그러나 대지도론은 중론에서 보이는 일체를 부정하는 논리방식과 비교하여 볼 때 제법실상諸法實相에 대해 적극적으로 긍정하면서 대승大乘의 보살사상과 육바라밀의 실천을 강조하고 있다.

그는 대지도론大智度論에서

> "세간(世間)을 사실대로 아는 것이 곧 출세간(出世間)의 도(道)로 이는 세간(의 관습, 무명)을 깨트리기 위하여 출세간을 설명할 뿐이다. 세간의 모양은 그것이 곧 출세간이며 수행자는 세간을 얻지 않으며 또한 출세간에 집착하지 않는다."고 하였고

또한 대반야경大般若經에서는

> "깊은 반야바라밀다를 닦아 배우는 것은 중생들의
> 법을 버리기 위해서가 아니며 온갖 불법(佛法)을
> 받아들이기 위해서가 아닙니다. 왜 그런가? 그것
> 은 세속의 허물을 싫어하여 멀리하기 위해서가 아
> 니며 열반의 공덕을 기뻐하기 위해서가 아닙니다.
> 왜 그런가? 이 법을 닦으면 생사도 볼 수 없거늘
> 하물며 싫어함이 있겠습니까! 열반도 볼 수 없는
> 데 하물며 즐거움을 기뻐함이 있겠습니까!"라 하
> 고 있다.

이 인용문에서는 반야바라밀다를 닦는 보살들은 세속의
허물을 싫어하여 멀리하기 위해서가 아니며 열반의 공덕
을 기뻐하기 위해서가 아님을 강조한다. 이는 현세現世의
삶에 대한 대긍정大肯定의 선언으로 여기서 자비심을 강조
하는 보살 정신이 도출導出된다. 이것이 대승불교의 근본정
신이다.

불교에서는 보살로서의 삶에서 천당을 본다. 이것은 인간
이 신에 의해서가 아니라 스스로의 자비심의 힘으로 천국
을 이룰 수 있다는 믿음이다. 그만큼 인간성을 긍정적으로
그리고 세속의 삶을 적극적으로 이해하는 것이다.

중관파에서는 자성自性 그리고 자성을 가진 존재를 부정하
는데 온 주의력을 기울인다. 그런데 자성을 가진 존재는

제 7부 보살로서의 삶

단적으로 말해 신이다. 완전히 자립적 자족적이고 영구불변하는 존재자 그것은 신외에는 없다. 따라서 중관사상의 본지에는 무신론無神論이 포함된다.

대지도론에는 나는 부처의 가르침도 환상과 같고 꿈만 같다고, (승의제인)열반도 환상과 같고 꿈만 같다고 말한다. 만약 열반보다 뛰어난 법이 있더라도 나는 역시 환상과 꿈만 같다고 말한다. 그러나 그가 부정하는 것은 관념觀念이지 실재實在가 아니다.

우리는 실재를 보기 이전에 항상 먼저 관념·개념을 만난다. 그냥 만나기만 하는 것이 아니라 대부분의 관념들은 우리의 생생한 삶을 속박束縛한다.[15] 우리는 삶을 생생하게 느끼기보다 그러한 관념들에 따라 해석하려하는 오랜 습관에 젖어있다. 즉 관념이 우리가 처한 현상, 삶을 앞서 정립하고 속박한다.

직관은 법성에 무매개적無媒介的으로 닿을 수 있는 능력이다. 관념은 법성과 직관 사이에서 직관이 법성으로 나가는 길을 막는다. 불교에서 말하는 해탈은 이 관념으로부터의 해탈이다. 지도地圖는 목적지로 이끌어주지만 그 땅을 밟고 서기 위해서는 내려놓아야만 한다.

---

15   하이데거는 이에 대해 "만일 의식(意識)의 산물인 자아(自我)가 생기(生起)에 자리를 비워주면 그 순간에 우리는 춤사위 속에서 움직이게 된다."고 한다.

생생한 삶을 위해서는 관념에 묶여서는 안 된다. 공空은 관념으로부터의 해탈이고 카타르시스이다. 조금 다른 얘기기는 하지만 억념憶念 역시 그러하다. 과거는 기억, 억념으로만 현재現在한다. 소돔과 고모라에서 롯의 아내는 뒤돌아보는 순간 소금기둥이 되었고 오르페우스는 에우리디체를 잃었다.

불교가 지향하는 것은 인간이 자신의 삶을 온갖 형이상학적 가설물架設物에 가탁假託하는 어리석음을 떨치고 현실을 바로 보고 스스로 참된 삶의 길을 찾는 또 찾을 수 있다는 믿음을 갖도록 가르친다. 그리고 중관파는 이 가르침을 논리적으로 해명하고 있다.

불교에서의 중도·반야·진정한 지혜는 모든 사상이나 관념뿐만 아니라 자기 자신, 즉 이기심이나 자의식까지 진정시킨다. 그리고 그러한 관념들이 실천적으로 해체되고 자의식이 진정될 때 나와 남의 구분이 사라지는 동체同體가 되어 자비행慈悲行의 길이 열린다.

그러나 역으로 자비행을 통해 스스로를 향상向上해 나가다가 결국 반야를 얻게 된다. 왜냐하면 반야와 자비는 공성의 두 모습이기 때문이다. 다시 말해 반야는 연기緣起에 대한 깨달음이고 그 깨달음으로 다른 사람의 고통이 바로 자신의 고통임을 본다. 이것이 자비심의 근거이다.

반야의 역할은 실재를 변화시키는 것이 아니라 실재에 대한 우리의 태도에 변화를 창출하는 것이다. 실재란 언제나 여여如如하다. 그러나 반야에 의해 우러나오는 자비심慈悲心은 세계 내적內的 즉 우리들 삶 자체와 연관되어 있기에 세상을 바꿀 힘이 있다. 그리고 그것이 보살 정신이다.

3장. 보살 정신의 근원

보살로서의 삶은 그것이 세속도 아니고 승의도 아니며, 세속이기도 하고 승의이기도 하다.

보살菩薩은 붓다를 이상理想으로 보리菩堤를 추구하고 그것을 위해 수행한다.

보리심Bodhicitta의 두 가지 근본 특징은 공성空性과 자비慈悲이다. 공성은 반야般若, 즉 지적인 직관이며 법성法性과 동일하다. 그리고 자비는 공성이 현상세계에 구체적으로 나타나는 모습으로, 행위行爲하는 능동적 원리이다. 공성이 법성을 향하여 초월해 있다면, 자비는 세계내적世界內的인 것으로 현상을 향해 있다.

자비심은 어떤 감상感想에서 나온 것이 아니라 연기緣起를 깨달아 모든 중생들의 보편성과 평등성을 체득함으로써 생生한다. 그것은 광대하지만 맹목적인 것이다. 그것은 당위로서의 의식적, 윤리적 요청에 따른 것이 결코 아니다.

자비심은 인간 본래부터 있어 온 '마음의 밝은 빛'으로 초윤리超倫理이다.

보살로서의 삶에서 공空은 자비慈悲라는 현상화된 모습을 띄고 구체적 세계로서의 자신을 시현示顯한다. 공이 자비라는 모습으로 형상화되고 인간은 바로 이런 형상들을 통해 향상해 나가다가 결국 보편적 원리의 극치를 발견하게 된다.

화엄경華嚴經에서는 보리심普提心은 모든 불법佛法을 산출하는 종자와 같다고 한다.[16]

실천적인 관점에서 보면 보살의 보리심에는 원심願心과 정행正行 두 가지가 있으니 원심은 '일체의 유정有情-마음을 가진 살아있는 중생의 이익을 위해서 부처가 되어 지이다.'라고 바라는 것이고, 정행은 그 뒤의 보살의 율의律儀를 지키고 보리의 자량 등을 닦는 행심行心이다. 보살의 정행이란 여러 바라밀과 사무량심四無量心-慈, 悲, 喜, 捨[17]과 사섭법四攝法[18]등이다.

---

16 '미륵해탈경(彌勒解脫經)'에서는
"선남자여! 예를 들어 이와 같으니, 금강석은 설령 깨지더라도 일체의 뛰어난 금장신구(金裝身具)들을 압도해서 금강석이라는 명칭을 잃지 않으며 또한 일체의 빈궁(貧窮)을 건진다."

"선남자여! 그와 같이 일체지를 희구하는 금강(金剛)과도 같은 발심(發心-보리심을 일으킴)은 비록 수습함이 있지 않을지라도 성문(聲聞)과 독각(獨覺)의 금장신구와 같은 공덕(功德)들을 압도해서 보살의 위명(威名)을 또한 잃지 않고 삼유(三有)의 빈궁을 또한 건진다."

보살이 일체지一切智를 신속히 얻고자 하면 대비大悲와 보리심菩提心과 수행修行 이 세 요처를 근수勤修해야 한다. 이 중에서 대비는 일체의 불법佛法을 남김없이 산출하는 근본인根本因으로 제일 먼저 닦는다.

대비는 무시無始 이래로 생성生成의 윤회 속에서 나 자신과 가족으로서의 인연을 백번도 넘게 맺지 않은 중생이란 하나도 없다는 생각. 거기서 우러나는 평등한 마음 등에 의지한다.까말라씰라의 수습차제 연구-중암

대자비가 약동躍動함으로써 보살들은 자신을 뒤로하고 타인에게 큰 이락利樂을 안겨주고자 지극히 행하기 어렵고 장구한 세월의 고난이 뒤따르는 보리자량菩提資糧을 쌓는 일에 기꺼이 나아가게 된다.

17 사무량심(四無量心)은 보살이 셀 수없이 많은 유정(有情)을 대상으로 삼고 수행해서 무량한 복덕을 쌓는 네 가지 마음을 말한다.

자무량(慈無量)은 모든 유정(생명)이 영원히 안락과 안락의 원인을 지니기를 바라는 것이며
비무량(悲無量)은 영원히 고통과 고통의 원인을 여의길
희무량(喜無量)은 고통이 없는 안락을 영원히 여의지 않기를
사무량(捨無量)은 중생에 대한 친소(親疏)를 가리는 마음을 여의고 평등하게 머무르는 마음을 말한다.

18 사섭법(四攝法) : 재물과 법을 베푸는 보시섭(普施攝), 좋은 말로 위로하고 거두는 애어섭(愛語攝), 중생의 원하는 바에 따라 유익한 일을 행하는 이행섭(利行攝), 중생의 뜻에 따라 함께 그 원하는 바를 행해서 이익을 주는 동사섭(同事攝) 넷이다.

자비에 대해서는 불교의 여러 경전에서 설해지고 있다.

지인삼매경^{智印三昧經}에 설하되

> "타인에게 정법(正法)을 바르게 수지(修持)하도록
> 함으로써, 보살에게도 보리심이 발생하는 것이나
> 그럴지라도 대비(大悲-慈悲)를 간절히 품고서 보
> 살 자신이 보리심을 일으키는 것이 더 없이 수승
> (殊勝)한 것이다. 이 (대비를 품은)보리심은 비록
> 수습(修習)함이 있지 않을지라도 보리심 자체만으
> 로도 세간에서 큰 선과(善果)를 낳는다."

또한 가섭청문품^{迦葉請問品}에는

> "가섭이여! 예를 들어 국왕이 신하를 통솔해서 일
> 체의 사무를 처리하듯이 보살의 반야도 선교방편
> (善敎方便-자비심)을 섭수해서 여래의 일체 사업
> 을 봉행(奉行)하는 것이다."라 하였고

다른 경^經에는 "반야경^{般若經}에 따라 공성만을 닦는 것을 가
지고서 보리심을 수습하는 것으로 오인^{誤認}해서는 안 된다.
만약 보시^{普施} 등의 방편들이 갖추어져 있지 않다면 이는
그림을 그리는데 있어 머리가 없거나 또는 손발이 없는 초
상화와 같게 되는 것이다."라 하고 있다.

중관사상에서는 이와 같이 자비행^{慈悲行}을 강조하기 때문

에 대승불교大乘佛敎라는 이름을 얻었다. 자비행은 대승불교가 부파불교나 금강반야경의 공空사상과 다른 특징이다. 또한 선종禪宗과는 돈오頓悟니 점수漸修니 하는 수행과정에서의 차이 이전에 그 근본 목표에서의 차이를 분명하게 보여주는 근거이다.

대승불교로서의 중관에서는 근본불교에서의 수행인 탐貪·진瞋·치癡의 대처로서의 계戒·정靜·혜慧가 보시, 지계, 인욕, 정진, 선정, 반야의 여섯 바라밀로 발전하였는데 그 중에 보시바라밀을 그 첫째로 둔 것은 바로 자비慈悲가 일체의 불법佛法을 남김없이 산출하는 근본인根本因이기 때문이다.

보시·자비는 이타행利他行으로 표현된다. 여기서 이타利他의 남他은 다른 사람뿐 아니라 세상 모든 사물(사건과 물질), 자연을 포함한다. 하이데거 식으로 말하면 '존재법성의 지킴이'가 되는 것이다. 그것은 자아自我를 벗어난, 자아로부터의 자유의 쟁취이기도 하다.

하이데거는 '나'라고 할 때 그 '나'에는 두 가지 의미가 있다고 본다.

한편으로 '나'를 강조하는 것은 나 자신ich selbst 즉 자기라는 존재Selbstsein와 같은 의미이다. 우리 자신wir selbst이라는 말에서 볼 수 있듯이 이러한 자기 존재는 또한 우리人類에게도 귀속될 수 있다.

그러나 다른 한편으로 '나'를 강조하는 것은 그렇게 말하고 있는 개별적인 인간을, 그가 이러한 인간이고 다른 인간이 아니라는 그의 특수성에 있어서의 의미, 즉 그것은 특수한 개별자라는 의미의 '나'를 의미한다.

한 인간이 자신을 희생할 경우 그것은 자신의 개별성 Einzelheit을 희생하는 것이다. 그것은 자신의 자기성Selbstsein 으로서 행위하는 것이고 또 자기성만 그렇게 할 수 있다. 이는 개별적인 자신에 집착하지 않는 비이기적인 행위이고 그것을 하이데거는 본래적 삶이라고 본다.

하이데거가 말하는 희생은 보살의 나와 남의 구분이 사라지는 동체대비행同體大悲行과 유사하다. 그러한 자비행의 근거는 연기, 중도, 무자성, 공에 대한 깨달음에 근거한 것이다. 따라서 보살의 삶에서 '공성空性에 대한 깨달음'은 가장 중요하다.

그래서 용수의 대지도론에는 여섯 바라밀을 설명하면서 반야바라밀 외에 보시바라밀을 포함한 다른 다섯 바라밀은 거기에 반야般若가 빠진다면 그 바라밀들 자체가 완성될 수 없다고 누차 강조하고 있다.

그러나 그는 "지혜라 하면 도를 얻은 사람이라야 비로소 믿고 따를 수 있지만 큰 자비로운 모양은 온갖 무리들도 모두 믿음을 낼 수 있나니 마치 형상을 보거나 말소리를 듣고 믿고 받을 수 있는 것과 같다."고 하여 일반 중생들에게도 자비의 길이 열려있음을 강조한다.

다시 말해 비록 반야에 의한 깨달음에는 이르지 못하였다 하더라도 희생, 비이기적인 행위인 이타행利他行는 할 수 있다는 것이다.

대지도론에는 다음과 같은 구절句節이 있다.

> "보시에는 두 가지가 있으니 깨끗함과 더러움이다.
>
>> '더러운 보시'라 함은 재물을 구하기 위해 보시하거나 남이 창피해서, 책망을 듣기 싫어서, 두려워서, 남의 기쁨을 사기 위해서, 교만하여 높은 채하기 위하여, 명예 때문에, 업신여겨 공경치 않으면서, 심지어 질투하거나 미워하기 때문에 하는 보시를 말한다. 이러한 '더러운 보시'의 소인(素因)은 아집·아만(我慢)이다."

이에 비해 '깨끗한 보시'는 열반에 나아가는 양식糧食이다. 그러므로 도道를 위하는 까닭에 보시한다. 만일 열반을 얻기 전에 보시하면 이는 이 사람이 하늘의 과보果報인 청정한 쾌락을 얻을 인因이다.

그런데 그러한 깨끗한 보시普施는 그 보시를 받는 사람보다 보시하는 이에게 더 큰 기쁨을 준다. 그것은 우리들 마음의 미묘한 현상이다. 이는 본래부터 있어 온 마음의 밝은 빛 즉 여래성如來性의 한 편린片鱗이다.

라오스의 어느 산골 마을에 있는 조그만 절에서 스님들이
아침 공양을 위해 탁발托鉢하러 산길을 내려온다. 길 한 곁
에는 신도들이 무릎을 꿇고 머리 위로 공양물을 올려 스
님들에게 감사하는 마음으로 보시를 한다. 그들은 자신들
에게 보시할 기회를 주신 스님께 감사한다. 이타행 그것은
인간의 삶을 풍요롭게 한다.

4장. 보살로서의 삶의 성격

지장보살地藏菩薩의 서원誓願은 지옥의 모든 중생들이 성불
하기 전에는 자신은 부처가 되지 않겠다는 것이다. 즉 지
장보살은 깨달았으나 자의로 부처가 되지 않고 보살의 삶
을 택한 분이다.

보살은 '빈 것'의 선정禪定에 머물 때 공성만을 직접 지각
하여 실유實有가 현현하는 것은 사라지고 그런 상태에서는
다양한 현상을 경험하지 않는다. 그러나 속제俗諦를 볼 때
는 그 실유實有를 보게 된다.

보리심菩堤心이 세속에서 자기 모습을 나타내는 것, 그것은
실유實有이다. 왜냐하면 대비심大悲心에서는 실재하고 있는
고통을 보게 되기 때문이다. 따라서 보살에게 있어 공성과

자비 둘이 현현하는 것은 모두 존재한다.

이렇듯 성불하기 전에는 두 가지 모두 현현하나 보살에게 있어서는 실유로 현현하는 것이 주가 된다.

자연인으로서의 붓다의 삶은 보살로서의 삶이었다. 부처님이 자수용적自受容的 법열法悅에 머물지 않고 중생을 위해 평생 동안 설법說法을 펴신 것은 자비심에서였다.

"부처님이 도를 얻었을 때에 한량없고 심히 기쁜 선정과 해탈과 모든 삼매를 성취하여 청정한 즐거움이 생겼는데도 이를 버리고 받지 않으면서 마을과 성읍城邑으로 들어가 갖가지 비유와 인연으로 설법하며 그 몸을 변화하여 한량없는 음성으로 온갖 중생을 맞이하고 그들의 욕설과 비방을 참아내며 나아가 스스로 음악을 울리기도 하나니 이것은 모두 대자대비大慈大悲의 힘이다." <대지도론> 용수

부처님이 열반에 들기 전에 마지막으로 하신 말씀이 "내 말을 믿지 말라."라고 전해지는데 이것이 누군가가 지어낸 속설俗說인지 아닌지는 잘 모른다. 그런데 그 말씀에 한 마디 덧붙이자면 "내 말을 믿지 말고 내 삶을 보아라."라고 하시지 않았을까 생각해 본다.

보살행·보리심은 그것이 깨달음의 방편이라고 하지만 역으로 보살행, 보살의 삶 자체가 깨달음의 목적이기도 하다. 그러나 깨달음은 우리 같은 중생에게는 멀고 아득한 곳에

있다. 비록 그 길을 간다고 해도 대부분 그에 이르지 못한다. 그렇게 자신이 다만 그 과정에서 끝날 것이라는 것을 인정한다면 깨달음의 양면인 자비와 공성 즉 자비행慈悲行과 참선參禪 어느 것에 치중할 것인가를 선택해야 한다.

이에 대해 부처님은 가섭소문경迦葉所問經에서 "허무주의자의 공견空見을 갖느니보다 수미산須彌山과 같은 엄청난 아견我見을 즐기는 것이 더 낫느니라."하였다.

우리 같은 중생이 아상我相을 벗어나기는 거의 불가능하여 금강경金剛經에서 말하는 무주상無住相 보시는 할 수 없다. 그러하더라도 우리도 이타행利他行은 할 수 있다.

용수는 좋은 보시와 나쁜 보시를 구별하지만 우리 같은 중생들이 사는 세상에서는 그 나쁜 보시라도 그것은 선행善行으로 바람직한 일이다.

한국불교에서는 음력 4월 8일 석가탄생일을 불교 최대의 축제로 열지만 티베트에서는 그보다 일주일 뒤인 4월 15일을 부처님께서 깨달은 날이라 하여 축제를 연다. 그들은 붓다의 탄생보다는 깨달음을 증득한 것이 중생에게 큰 의미가 있다고 본다.

제 7부 보살로서의 삶

'깨달으면 모두 부처'라는 믿음은 불교의 모든 것을 압축
해 표현한 것이다.

> 이를 모르면 윤회의 바다에서 떠돌며
> 이를 깨달으면 바로 부처인 것이라.
> 일체는 '이것이다', '이것이 아니다'
> 모두를 여의었으니
> 일체의 근본인 제법의 본질을 깨닫게 하소서.
> ('마하무드라의 송(頌)'에서)

주요 참고서적

<불교의 중심철학>	무르띠 / 김성철 옮김
<신 유식학>	유식사상 연구회
<까말라씰라의 수습차제 연구>	중암
<백일법문>	성철 스님
<티베트 불교철학>	마츠모토 시로 / 이태승 외 옮김
<깨달음에 이르는 길>	총카파 / 청전 옮김
<도차제론> - 티베트어	총카파
<아비달마 구사론>	권오민 역주
<중론>	용수 / 김성철 옮김
<중론> - 티베트어	용수
<대지도론>	용수 / 김성구 옮김